特別支援教育サポートBOOKS

明治図書

読み書きが苦手な子どものための

英単語指導ワーク

村上 加代子 著

英語圏のディスレクシア研究に基づくワーク
（読み書き障がい）

無理な暗記なし！
「音」と「文字」をつなぐだけ！

Before
がんばっているのに
単語が覚えられない

After
単語が簡単に
覚えられた！

はじめに

　Aくんは中学3年生です。小学校の頃から読み書きが遅いと言われていましたが、内容の理解には問題がなかったため、それほど問題が目立つことはありませんでした。ですが、中学校に入り英語の学習が始まると、とたんに授業について行けなくなってしまいました。アルファベットはなんとか覚えましたし、テストに出る単語も何度も練習しました。ですが、スペリングを覚えたと思ってもすぐ忘れてしまいます。定期テストでは、書き間違いや読み間違いが多く、大きく点数が下がってしまい、選択問題はできるけれど、平均点以上を取れることはありません。

　Bさんは、中学1年生です。英語が好きで小学校の頃から英会話教室にも通っています。授業でもリスニングやペアワークの会話などは積極的に参加します。ただ、単語を覚えること、教科書を読むことがなかなかスムーズにできません。音を聞いて反復することはできますが、単語をいざ書いてみると、ローマ字のようになっていたり、文字が左右反転していたり、似た文字（ｆとｔなど）を間違えて書くなどのミスが多いようです。大好きだった英語も定期テストで点数が取れないため、だんだん自信をなくしてきました。

　Cくんは小学5年生です。英会話教室にも楽しく通っていますが、保護者には心配なことがあります。それはCくんが国語でとても苦戦していることです。特に新しい漢字を覚えたり、すらすら読むことが苦手です。本人は努力しており、保護者と夜遅くまで宿題をしますが、すぐに忘れてしまい、漢字のテストでは予想以下の点数しかとれません。保護者は、「国語でこのような状態だったら、英語はどうなるんだろうか。きっと中学校で落ちこぼれてしまう。どうしたら良いだろう」と悩んでいます。

　上記のAくん、Bさん、Cくんは架空の子どもたちですが、実際にこうした問題や悩みを抱えている当事者・保護者の方はとても多いことでしょう。英語の学習において、文字が読める、単語が正しく読めることは学習の基本のスキルですが、そこに躓いてしまうことで、文法や読解の勉強が一層困難になり、結果的に学習意欲を失うことにつながりかねません。

　実際に英語教育の現場では、1クラスの中に大きな格差があることが珍しいことではなく、Bさんのようにリスニングは良いのに書字や読字に躓きのある生徒もいれば、Aくんのように英語だけが極端にできない生徒もいるでしょう。一方、英語が得意で中学生で英検準2級や2級を取得している生徒もいるはずです。こうした生徒を1クラス内で指導するのは、いかに至難の業でしょうか。現場の先生方のご苦労や工夫は大変なものだろうと想像します。特に、外国語活動が小学校でスタートしてからは、一層そうした格差が大きくなるだけでなく、早期の

段階で英語への学習意欲を失ってしまっている生徒も増えているのではないでしょうか。

　わたしは，英語圏のディスレクシア研究を進める一方で，勤務大学で地域の学習障害（LD）の児童生徒対象の英語教室（チャレンジ教室）を開催し，指導法や教材・教具の工夫を子どもたち・保護者の方々と一緒に取り組んできました。保護者の方からは子どもへの限りない愛と献身，そして寄り添う姿勢を教えてもらいましたが，同時に，中学校から始まる英語学習への不安感に向き合ってきました。また，近年特に増えてきていると感じるのは，LD の診断がなく，学習意欲も高く課題もきちんと提出しており，決して勉強を怠けているわけではない（親子で必死に取り組んでいる）のに，英語だけがどうしても他の科目と比べて極端に低くなるケースです。「どれだけがんばっても英単語が覚えられない。もうお手上げです」，と親子で絶望し，英語での躓きがきっかけで学習への自信を失い，せっかく入った進学校を退学してしまったケースにもいくつか遭遇しました。

　「英語で躓くのは当たり前だから」「できない子は毎年いるし，珍しくない」と思われるかもしれません。実際に，「英語はできないから，英語のない学校に進学する」という LD のお子さんたちや，特別支援関連者のなかでも「学習障害の子には英語は無理。あきらめるしかない」と断言する先生方もいます。ですが，これから小学校では英語が教科となり，中学・高校でもレベルアップが求められる状況のなかで，まさに英語の４技能である「聞く・話す・読む・書く」に弱さのある LD の子どもたちへの読み書き指導の選択肢がほとんどないことは，大変心配です。

　本書は，英語圏の読み書き研究における指導理論を参考として，わたし自身が日本の小学生から高校生までの LD の子どもたちに実際に指導し，効果のあった単語の読み書き指導をワークブックにまとめたものです。「音と文字」の対応習得は，LD がなくても，どの子どもにとってもハードルが高いものです。外国語だからこそ，音と文字のつながりを，知識とするだけではなく，定着できるだけの十分な練習の機会を与える必要があると思っています。

　子どもたちにとって，単語が読めるということは，その次の段階へのパスポートになります。チャレンジ教室の子どもたちは，LD があっても，みんな英語が得意になって卒業していきます。１人でも多くの子どもたちが，中学校で英語の教科書がすらすら読めるように，もっと楽に読み書きができるようになるように，そのお手伝いができれば心から嬉しく思います。皆さんの指導する子どもたちが，「なんでこんなに簡単なの」と言いながら徐々に単語が読めるようになることを心から願っています。

2018年１月

村上　加代子

CONTENTS

はじめに　2

Introduction　　7

読み書きに必要な「聞く力」と「読む力」　　9
「音から文字」「文字から音」の関係　　12
文字の操作と音韻の操作　　14
本書のねらいと特徴　　15
子どもの現状を知る「単語の読み書き総合チェックテスト」　　18
　　Column 1　使用フォントについて　　24

STEP 1　アルファベット　　25

小文字の読みチェック　　27
小文字の書き取りチェック　　29
アルファベット・チェックテスト　　31
　　Column 2　間違いやすい文字はどう指導する？　　32

STEP 2　2文字単語 V（母音）＋C（子音）　　33

2文字単語　読み書き指導のポイント　　34
音をつなぐ読み　　37
2文字単語の読み＋真ん中の音の聞き取り①　　39
2文字単語の読み＋真ん中の音の聞き取り②　　41
2文字単語の定着問題①　　43
2文字単語の定着問題②　　44
STEP 2　到達度チェックテスト　　45

STEP 3　3文字単語 C（子音）＋ V（母音）C（子音）   47

3文字単語　読み書き指導のポイント	48
オンセット‐ライムの音の足し算と読み	51
3文字単語の読み＋頭子音の書き取り①	53
3文字単語の読み＋頭子音の書き取り②	55
オンセット‐ライムの音の割り算と書き取り	57
3文字単語の定着問題	58
3文字単語の総合問題①	59
3文字単語の総合問題②	60
STEP 3　到達度チェックテスト	61

STEP 4　連続子音を含む単語   63

連続子音を含む単語　読み書き指導のポイント	64
[fl], [st], [cl]	67
[dr], [sw], [cr]	68
[tw], [fr], [sn]	69
連続子音を含む単語の定着問題①	71
[sp], [sk], [bl]	73
連続子音を含む単語の定着問題②	75
[pl], [tr], [br]	77
[spl], [str], [scr]	78
連続子音を含む単語の総合問題	79
STEP UP! ゲーム① BINGO	81
STEP UP! ゲーム②ブレンディングゲーム	82
STEP 4　到達度チェックテスト	83

STEP 5 ダイグラフを含む単語 85

ダイグラフを含む単語　読み書き指導のポイント 86
《》 [sh] 89
《》 [ch]，[tch] 90
《》 [th] 91
👤 ダイグラフを含む単語の書き取り 93
《》 [wh]，[ph] 95
《》 [ng] 96
《》👤 ダイグラフを含む単語の定着問題① 97
《》👤 ダイグラフを含む単語の定着問題② 99
STEP UP! ゲーム① Four in a Row 101
STEP UP! ゲーム②ポイント制すごろく 102
STEP 5　到達度チェックテスト 103

STEP 6 マジック e を含む単語 105

マジック e を含む単語　読み書き指導のポイント 106
《》 すばやく母音を見つけよう 107
《》 2文字単語のマジック e の読み 109
《》👤 3文字単語のマジック e の読み書き 111
《》👤 マジック e を含む単語の定着問題① 112
《》👤 マジック e を含む単語の定着問題② 113
《》 e があるときの読み・e がないときの読み 115
《》 単語と意味のマッチング　定着問題③ 117
《》👤 不規則なパターンの読み書き 119
《》👤 マジック e を含む単語の総合問題① 120
《》👤 マジック e を含む単語の総合問題② 121
《》👤 マジック e を含む単語の総合問題③ 122
STEP 6　到達度チェックテスト 123
Column 3　単語の読み書き練習に役立つアプリ 125
付録　本書で使用した単語リスト 127

Introduction

　英語の学習において，単語がすらすらと読めることは，ただ重要というだけでなく，その後の語彙や文法の理解や読解の力を身につけるために必須の基礎スキルです。それにもかかわらず，多くの中学生や高校生が，基本的な単語をすらすら読むことが難しい現状があります。わたしは発達障害，特に学習障害（LD）と呼ばれる学びの困難を持つ子どもたちを対象とした読み書き指導に取り組んでいますが，LD のある子どもの多くが，国語だけでなく，英語の読み書きに大きく躓く傾向があると感じています。「じゃあ，LD がなければ躓かないのですか」と問われると，「いえいえ，そんなことはありません。英語の読み書き習得に必要なレディネスが育っていなければ，もちろん定型発達のお子さんも同じように躓きますよ」と答えます。

　わたしが主催している LD の子ども専門の英語教室（「チャレンジ教室」）は，一般の保護者が子どもを連れて訪問されることもあります。そこで近年特に感じるのは，LD の診断がなく，学習意欲も高く，課題もきちんと提出しており，決して勉強を怠けているわけではない（親子で必死に取り組んでいる）場合でも，「どれだけがんばっても英単語が覚えられない。もうお手上げです」という子どもが増えてきたなということです。そうした子どもたちは通常の学級に在籍し，他科目では普通かそれ以上の成績を納めている場合も少なくありません。ですから，「なぜこんなに勉強しても，できないのかわからない」「先生に言われた通り努力しているのに」「自分は馬鹿なんじゃないか」と，学習への自信を喪失してしまうことが多いようです。さらにひどい場合は，英語での躓きがきっかけで他教科すべての勉強意欲も失い，引きこもりになったり，せっかく入った進学校を退学してしまったというケースにもいくつか遭遇しました。

　「他の科目はできるのに，英語だけできないということがあるのだろうか」，そして「LD でなくても英語で躓くことはあるのか」「LD であれば必ず躓くのか」という疑問は，以前から持っていました。これまでも，通常の学級で努力によって平均かそれ以上の成績を収めていた子どもでも，英語学習がはじまると読み書きで大きく躓くケースがあることが，心理学の専門家らによって指摘されてきました。例えば，Wydell と Kondo （2003）は，英語と日本語のバイリンガルの16才の事例を紹介しています。対象となった16才の生徒は，父親がオーストラリア人母親がイギリス人で，家庭では英語，学校では日本語で生活を送っていました。診察を受けた際の検査では，日本語の読み書き能力は年齢以上でしたが，英語の読み書き能力と音韻認識能力は，同年代の英語ネイティブスピーカーだけでなく同年代の日本人よりも大きく下回っていることが確認されました。つまり，英語学習時のみ，読み書き困難が顕在化していたのです。この生徒のような事例は，イタリア語使用圏でも指摘されており，国や言語によって読み

書き障がいの出現率が異なることとともに、「読み書きの躓きは、学習者本人の認知的特性だけでなく、対象となる言語の音韻体系や書記体系の影響も大きい」ことがわかってきました。

　同じ言語でも、例えば日本語では文字種によって読み書き困難の出現率が異なります。宇野ら（2002）は、小学生を対象に、ひらがな、カタカナ、漢字それぞれについて、読み書き困難の出現率を調査しています。音読（読み）の障がいでは、ひらがな0.2%、カタカナ1.2%、漢字6.7%という結果で、書字（書き）における障がいでは、ひらがな1.2%、カタカナ2.1%、漢字では、6〜8%と報告されています。ひらがな、カタカナに比べると、漢字は、読み・書き両方で困難者の出現率の高さが目立ちます。

　実際に指導をしていると、かな文字で躓く子が必ずしも漢字で必ず躓くわけではなく、その逆もあります。あるいは、すらすら読めるのに、書く際になると文字を思い出すことが困難だったり、いくら書き練習をしても文字の形やバランスが取れないなど、子どもの大変さの様子は様々です。しかし、心理検査などで子どもの認知的な部分まで探っていくと、例えば、上記の漢字の躓きでは「見る力」（視覚的情報認知処理力など）、かな文字の場合は「聞く力」（音韻情報認知処理力など）に弱さがあれば躓きやすいことがあったり、書字の乱れには「運動感覚」（例えば、目と手の協応など）の問題が関連していることが多いなど、特定の傾向があることが指摘されています。つまり、学習活動や内容によって、学習者側に備わっていなくてはいけない認知的・身体的な条件が異なっており、それが十分に育っていなければ、年齢に関わらず躓きが生じます。

　その観点を踏まえた「適切な指導」には、学習者が次の段階的に無理なく進めるような階段を作った上で、それぞれの段階での十分な活動を用意したり、躓いた場合には１段階前に戻ったり、異なるアプローチを提供したりすることも含まれるでしょう。躓きには必ず原因がありますから、その原因を、子ども側だけではなく、もしかしたら子どもにとっては非常に無理な階段を上らせようとしていたのではないかと、指導側から見直すことも大切です。

　英語の読み書きに必要な学習のレディネスを一つ一つ確実にしていくことで、躓いてから対応するのではなく、躓きを予測し、躓かせない指導が可能になると思っています。では、英語の読み書きは、どのように発達し、どのようなレディネスを育てていけば良いのでしょうか。それを、英語圏の読み書き障がいであるディスレクシア（dyslexia）をヒントに考えてみたいと思います。

　先ほど述べたように、日本では、読み書きの困難の出現率は文字によって違うものの、全体では２%〜４%ほどではないかと言われています。それでもかなりの数になります。では、英語圏ではディスレクシアの出現率はどれくらいでしょうか。その割合は、調査によって異なるものの、人口のおよそ10%以上とも言われています。「ちょっと多い」どころではありませんね。もし、10人に１人に読み書きに障がいがあると診断されたら、学校はどうなるでしょう。国語で躓くと、すべての科目で躓いてしまいます。そのため学校では、ディスレクシア研究に

基づいた，躓き回避を目的としたカリキュラムや指導法の検証が徹底されてきました。現在の
イギリス，アメリカ，ニュージーランドなどでの国語指導は，数十年間に及び読み書き困難解
消を目的の一つとした取り組みの結晶とも言え，ここ10年でも大きく変化してきています。学
習者の発達的側面からレディネスを育てる指導の工夫は，定型発達の子どもたちや英語を母語
としない子どもたちへの効果も期待されています。

　日本の子どもたちが英語という言語を学びはじめる時点で，私たちが知っておかなくてはい
けないことの一つは，こうした英語圏でのディスレクシア事情に加え，英語の読み書きを自在
にできるようになるために，どのようなレディネスが必要なのかを検証していくことではない
かと考えています。学習者にとって必要な学習の条件を育てるために，どのような階段を作っ
ていけば良いのかが明らかになれば，子どもと先生の双方が楽に学習できるでしょう。次に，
英語の読み書きに関わる基本的な「聞く力」と「読む力」について考えてみます。

読み書きに必要な「聞く力」と「読む力」

音韻認識（音韻意識）

　英語の「聞く力」というと通常はコミュニケーションを思い浮かべますが，読み書きでは少
し異なる聞く力が必要です。コミュニケーションでは，大きく音声を捉え，そこに含まれる情
報の意味や意図の理解が目的となりますが，読み書きでは，文字と音を対応させるために，文
や単語を丸ごとではなく，より小さい単位へと分析的に聞くスキルが必要とされます。言語の
音声をさまざまな単位で認識し，操作する力を音韻認識（または音韻意識）と言います。英語
では，phonological awareness です。英語では awareness ですから，「気づき」という意味も
含まれます。読み書きには，単に「音が聞き取れる」「聞き分けられる」だけではなく，「音を
つないだり，分けたり，入れ替えたりできる」というように，音韻を操るスキルも必要です。
また，それは知識としてではなく，学習者自身が感覚的に，スムーズに知覚操作できるように
ならなくてはなりません。この音韻の操作スキルは，文字の操作に強く影響し，特に初期段階
で重要な働きをします。

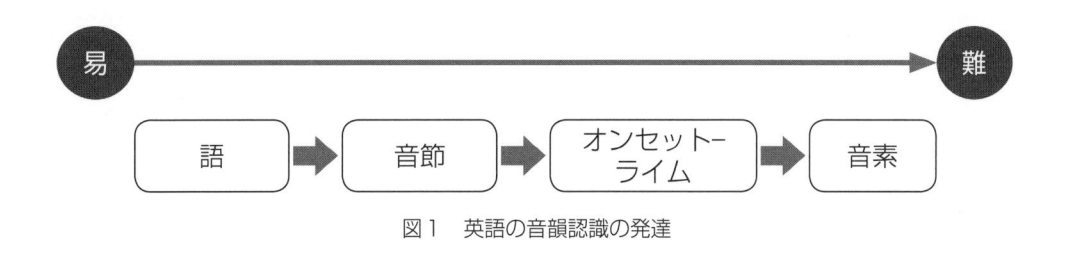

図1　英語の音韻認識の発達

また音韻認識は，たとえ母語であっても生まれつき既に完成しているものではなく，年齢とともに発達していくと考えられています。日本語の音韻認識は，語から音節，モーラ（拍）へと発達します。英語であれば語，音節，オンセット-ライム（詳しくは p.47を参照下さい），そして音素の単位へと発達すると言われています（図１）。フォニックスには音素意識の獲得が必須だと考えられていますが，英語圏では，音素意識が完成するのは小学校３年生の９歳ごろという報告もある一方，日本人のモーラの分節化の完成が４歳ごろだと言われています。英語の場合はそれだけ読みのレディネスができるまでに時間がかかることがわかります。また，音素意識の獲得はフォニックスの前提であることから，音韻認識は言葉遊びといった形で幼児期のライミングから段階的にある程度明示的な指導も行われているようです。

　特に書き取りは，文字レベルの問題ではなく，聞こえの問題であることが多いと感じます。誤りの分析では「子どもは聞こえたとおりに文字を書こうとする」ことを軽視してはいけません。日本語でも「かぶとむし」を「かむとむし」，「おばあさん」を「おばさん」と書き誤る場合，「これは“む”じゃなくて“ぶ”でしょ」と文字の誤りを指摘するだけでは，また同じ誤りを別の単語でもしてしまいますね。そのため，どのように音を捉えているかを確認し，正しい文字に対応させる指導が大切です。まずはその子に「かぶとむし，をゆっくり言ってごらん」と発声を確認し，正しく言えていないようであれば，指導者側が口の形や動きを見せ，発音の仕方を教えます。次に，「ぶ」，「む」を交互に聞いて区別ができるかといった「聞こえの確認」をします。もし，聞き分けができていなければ，いつまでも混乱が続きますので，「どう違うかな」と本人に確認させつつ，いろいろな手がかりを使って区別ができるようにします。

　英語もこれと同じです。例えば単語の書き取りでローマ字のように母音を加えていた場合，どのように発音しているかを確認し，そこから文字に対応する音を身につけていく必要があります。読みも書きも，基本は「音と文字の対応」で，暗記ではありません。文字に対応できる音を習得することが，文字操作の前提になります。左の写真は，チャレンジ教室の小学生が３文字単語の書き取りをしている場面ですが，いきなり文字を書かせるのではなく，聞こえた「音のかたまり＝単語」を３つの音素に分けるという段階を踏ませてから，その音を文字に書き起こすという練習を繰り返します。

　このように，暗記や，ただの書写ではなく，子どもが能動的に，自分の感覚を用いて音から文字，文字から音の操作ができるようになることが，基本的な読み書きには欠かせません。

■ デコーディング

　「聞く力」と同じように，「読む力」も，コミュニケーションや内容理解のため読みと，文字

や単語の操作的な読みスキルに区別して考えます。記号（文字）を音声と対応させる（文字を音声化する）処理をデコーディング（decoding）と呼びます。そして聞こえた音声を文字に対応させること場合は，エンコーディング（encoding）と呼びます。「デコーディングができている」状態とは，意味は関係なく，あくまでも符号として，音の認識や操作ができていることを意味します。英語には規則的に読める単語とそうでない単語が混在していることから，この両者をデコーディングできる単語（decodable word）と，ひっかけ語（tricky word），サイトワード（sight word）といった呼び方で区別します。デコーディングの指導は，英語圏では通常，体系的にカリキュラムが組まれ，フォニックスを用いた指導が行われています。近年は，初期リテラシー指導におけるシンセティック・フォニックスの効果が証明され，世界的に広まっています。英国の教育省は，**Letters and Sounds** というシンセティック・フォニックスプログラムを無料で配信しているほか，日本でも近年 Jolly Phonics のような民間の教材が紹介され始めていますので，目にした方も増えていることでしょう。ここでは詳しい説明は省きますが，シンセティック・フォニックスのアプローチは"多感覚・体系的・段階的"であることに加え，文字と音の操作スキル練習が非常に多いのが特徴です。アルファベットが読める

ようになっていきなり単語が読めるわけではありませんから，頻度や難易度を十分に考慮しつつ，楽しみながら文字が読めるような工夫がされています。

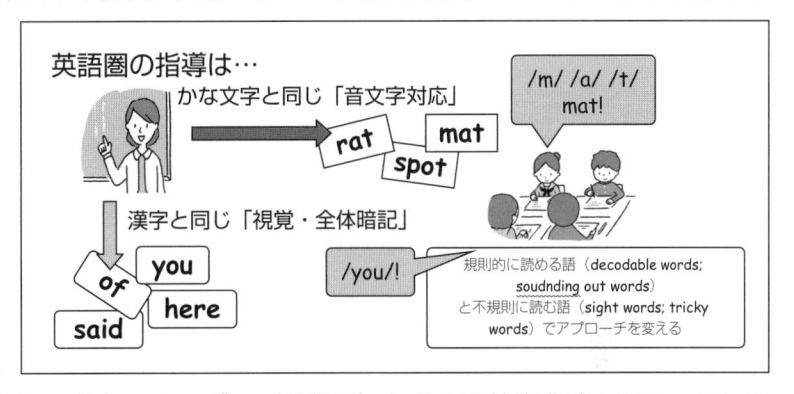

英語圏では，フォニックスの学習には，どれくらいの時間が費やされているのでしょうか。キンダー（幼稚園）から小学校卒業時までと，かなり長期間にわたって学び続けます。ですが，その比重は低学年〜高学年では異なります。低学年は"**Learning to Read**（読むための学び）"期と位置づけられ，フォニックスや基本的な文法などを重点的に学びます。特に初期においては，文字を正しく認識する力（**letter-recognition**）や，言語や語に含まれる音声をより分析的に捉え操作する音韻認識，そして文字と音韻を対応させる知識やスキル（**phonics**）など，基礎スキルの習得を先行させます。こうして読み書きが正しく，ある程度流ちょうにできる基礎を作ったのち，4年生頃からは"**Reading to Learn**"期へと移行し，たくさんの文を素早く読んで理解し，文を書いて表現したりできる力を育てるように

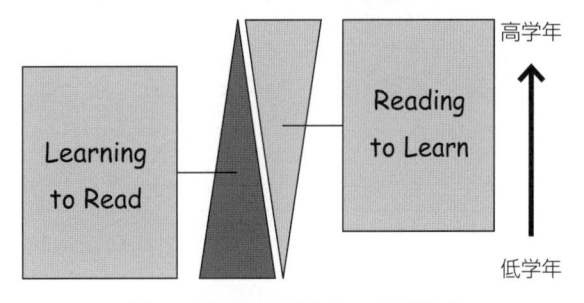

図2　英語圏のリテラシー指導構成

構成されています。

　こうした近年の英語を母語とする国での取り組みは，日本の英語教育においても大変参考になると同時に，日本の子どもたちへの英語のリテラシー指導に欠けている部分はそのままで良いのだろうか，という疑問を感じざるを得ません。アルファベットもおぼつかないままで，いきなり大量の単語の暗記からはじまり，文法，読解……と，子どもの学習レディネスが整う間もなく次から次へと詰め込みに走っているのではないでしょうか。「読める」喜びは，本当に嬉しいことです。次の節では，文字と音の操作がどのように関連しているかについて説明をしたいと思います。

「音から文字」「文字から音」の関係

　英語圏では，一般的に「文字と音の対応」は "letter-sound correspondence" と表現されます。これはフォニックスでは１文字１音（a を見て /a/）からはじまりますが，いつまでも１文字１音を対応させながら読むわけではなく，スキルが上達するにつれ一度に変換できる文字―音の "かたまり" は徐々に大きくなり，単語の単位が素早く正確に読めるようになっていきます。

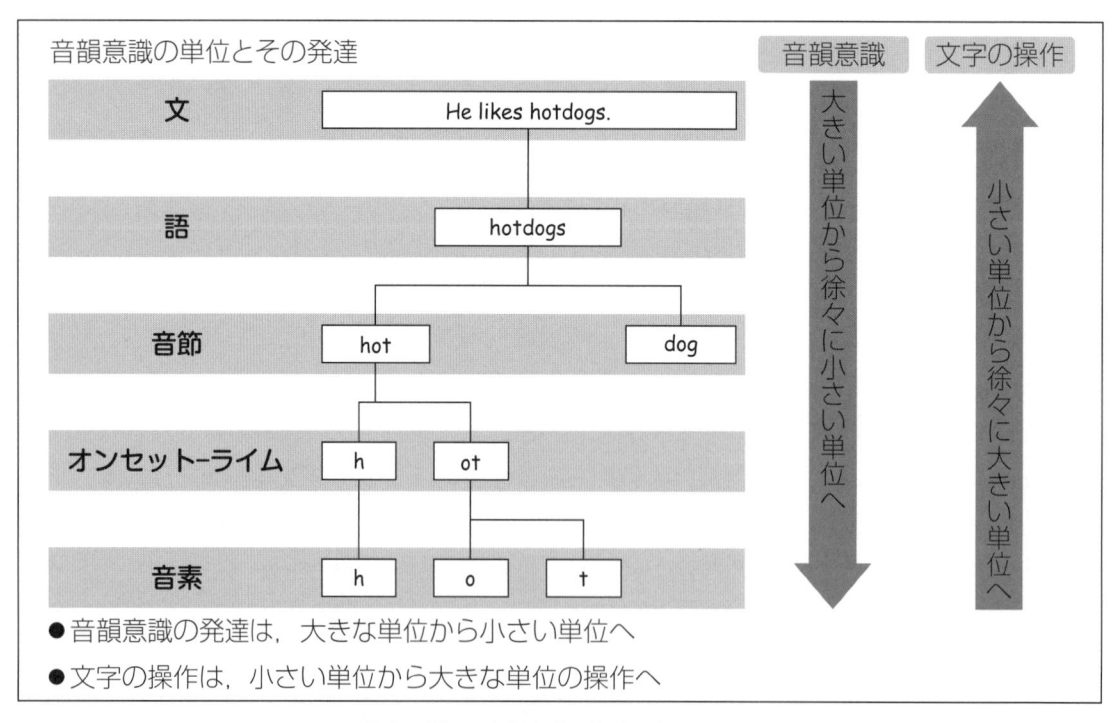

図３　英語の音韻意識の発達と文字の操作

　音韻認識は図３のように，大きなかたまりからより小さなかたまりへと発達すると考えられ

ています。そして，文字を音に対応させる読み書きには音素の単位までの音韻認識が必須であると言われていることから，「フォニックスの単語の読み書き練習には音素意識の練習だけでいいじゃないか」と思われるかもしれません。

　ですが，それほど単純ではありません。たしかに，1文字を1音の単位に対応させるには，音素感覚がなければできません。特にスペリングでは，単語をもっとも小さい音素の単位で認識する力が育っている必要があります。もし，正しい音素単位の音韻認識が育っていなければ，文字（音）を抜かしたり，不要な文字（音）を加えたり，誤った文字（音）を書いたりします。だからといって，暗記ですべての単語の綴り方をインプットしていくことは学習者に多大な負担となります。

　一方，英語の単語は，1音節語でも3文字どころか5文字以上で構成されている単語もあります。さらに多音節の単語もあります。その場合，もし，文字を音素のレベルで1つ1つ音声化して，「○＋○＋○＋…」とつないでいくとどうなるでしょうか。ちょっとやってみると，私は5文字（5音）くらいから自分の記憶が怪しくなってきます。結果的に，単語としてつなぐ際には，音をいくつかを忘れたり，順序が入れ替わったりといった誤りが起きやすくなります。それは書く場合も同じです。そのため，「○＋○＋○…」といった細かい音素単位ではなく，より大きなかたまりで捉えながら多くの音を正確に記憶していくスキルも求められます。このように，文字に対応させる段階では，1文字1音の対応を卒業し，オンセット-ライムや音節へとより大きい単位での単語の読みに進んでいくように促していくことが大切です。

　事例を1つ紹介します。頭がとても良いのに国語のひらがな・カタカナの読み書きが逐次読みしかできない中学1年生のAくんがいました。Aくんにアルファベット指導を終え，「さあ！　単語を読むぞ」，とデコーディング指導を開始をしたところ，2文字まではすんなり進んだのに，3文字になると急に黙ったり，逐次読みになったり，母音の音を間違えたり，最後の子音のうしろにローマ字のように母音を加えたりする現象が増えました。実はそれ以前にも，2文字から3〜4文字の単語を読む際に誤りが増える傾向を他の子どもたちでも確認していました。ですが，Aくんの場合はなかなかその誤りが減りません。

　「アルファベット文字は定着しているはずなのに，なぜスムーズに単語にできないんだろう」と思い，しばらくAくんへのフォニックスを中断することにしました。その代わり，音韻認識の指導をしばらく続けました。まず2音素での音素操作練習を行い（例：/a/ ＋ /b/ ＝ /ab/, /ab/ ＝ /a/ ＋ /b/），すらすらできるようになってから3音のオンセット-ライム操作練習へに切り替えました。最初はぎこちない様子でしたが，音韻の操作はすらすらできるようになったところで，もう一度フォニックス指導を再開しました。すると今度はデコーディング操作で躓くことはなく，スムーズに単語が読み書きできるようになっていきました。

　彼への指導がきっかけで，日本の学習者でも，音韻の操作練習を文字指導の前に少しでも集中して取り組むと，ずいぶん変わることに気づきました。現在実施している小学生への音韻認

識指導では，ゲームや言葉遊びのような活動が中心ですが，高学年の児童や中学生を対象に読み練習（フォニックス）と組み合わせる場合は，図4のように読む文字の数などに合わせ，手やマグネットを使って1〜3分程度，音韻操作を簡単に行っています。すると，これまであったような「読み間違い」が減るだけでなく，スピードが上がることも感じています。例えば，学習障がいと軽度知的障がいのある中学3年生のBくんに指導をした際，「2ヶ月で基本的な単語が読めること」を目標にしました。Bくんは，アルファベットはほとんど読めている状態でしたので，2文字の操作練習のときに2音素の操作練習をする，3文字の操作練習ではオンセット−ライムの音韻操作練習をする，というように，音と文字の操作練習を同時進行のスタイルで行いました。Bくんとは，音韻認識指導とフォニックス指導合わせて1回10分〜15分弱の練習を30回で終了しましたが，最後は本書と同じレベルの単語の読み書きがすらすらできるようになりました。

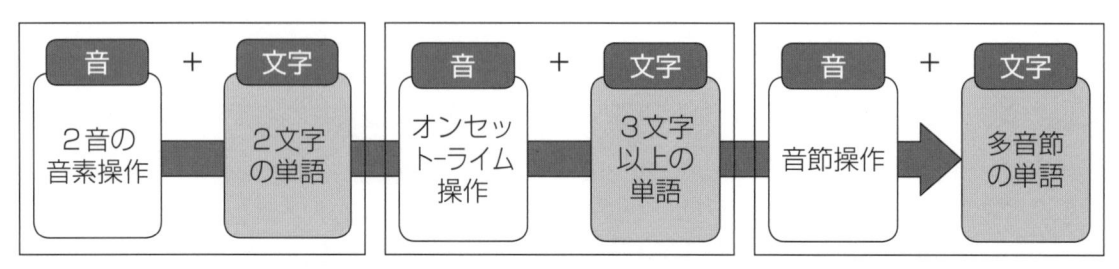

図4　音と文字の指導のステップ

文字の操作と音韻の操作

　文字の操作で必要な練習は，具体的には文字と文字をつなげるブレンディング練習，そして聞こえた音を文字の単位に分解するセグメンティングが基本になります。このほかにも，単語の中の1音を別の音に入れ替えたり，削除したりといった様々な操作があります。

　基礎的な文字の読み練習は，計算練習に少し似ているかもしれません。授業で算数の足し算や引き算を習いますが，数の操作が身につくようになるまでは，たくさん練習をします

図5　フリップカード

ね。素早く正しく計算できるようになるために，計算ドリルをするのと同じ要領で，文字も正しく早く読むためには，ある程度の練習量が必要です。

　例えば，英語圏でよく単語の読み練習に用いられるフリップカード（図5）は，文字と文字を入れ替えてつなぐ操作練習です。その際に前提となるスキルは，音韻の足し算に例えることができるでしょう。本書の **Exercise** では，「文字の操作」「音の操作」練習を，段階的に進め

られるように工夫しています。

　本書では，フリップカードと同じく，子どもたちが異なる組み合わせの文字を次々と音声化していけるようにたくさんの読み練習が用意されています。1文字1音の対応ができるようになったら，2文字，3文字へと扱う文字数を増やします。そして，音韻単位の操作も，音素からオンセット-ライムへと大きなかたまりで読めるように進めます。

本書のねらいと特徴

　本書の大きな目標は，基礎的な単語のデコーディングができるようになることです。アルファベットがある程度わかる段階での，文字と音韻操作練習からスタートします。本書での指導者の役割は，2つあります。1つは，音韻操作練習。子どもが音韻を足す（つなぐ），割る（分ける）のを，手やマグネットなど視覚的に示しながら，手助けすることです。もう1つは，子どもが読み上げていく単語を聞き，読み方が間違っているとき「だけ」指摘することです。

　日本では音韻認識指導はほとんど知られていませんので，最初は「これでいいのかな」と先生が手探りになることもあるかもしれません。ですが，練習を重ねるうちに，徐々に子どもたちの読み方が変わる手応えを感じてもらえることを願っています。

対象学習者

　本書では，小学校高学年から中学生くらいまでの，アルファベットはわかるけれど，英語の単語の読み書きに慣れていない，あるいは少し苦手な学習者を想定しています。

- ●アルファベット小文字の読み書きはほぼできる
- ● a を /a/, c を /k/ などの音（おん）読みは知っている
- ●単語を初見で読めない，スペリングが苦手

> こんな子どもたちに合っています。

対象指導者

　本書はフォニックスの専門家というよりは，「フォニックスが初めて」「読み書き指導をしたことがない」という先生の負担を極力減らすことを心がけました。

- ●フォニックスの指導には慣れていないが音読みはわかる
- ●指導対象の子どもが基本的な単語の読み書きで躓いている
- ●副教材・補助教材にできる単語の読み書き教材を探している
- ●支援教室などで個別指導に使える英語教材を探している

> こんな先生を想定しています。

■ 本書の構成

STEP1 はアルファベットのアセスメントです。STEP2 からは2〜3文字単語，連続子音，ダイグラフ，マジック e を含む語の読み書きへと進みます。

表1　本書の読み書き・音韻認識の各ステップ

STEP	読み書きのスキル	音韻認識のスキル
STEP1	小文字の音（sounds）が聞いてわかり，アルファベットに対応させて1文字1音対応で読める（a を見て /a/ と言える）	アルファベットに対応する音（sounds）が聞き分けられ，発音できる
STEP2	基本的な2音からなる2文字単語が読める・書ける（例：a + t = at）	2つの音素をつないで1語にすることができる（ブレンディング），2音からなる語を聞いて2つの音素に分けることができる（セグメンティング）
STEP3	基本的な3音からなる3文字単語が読める・書ける（例：s + it = sit）	単語のオンセットとライムをつないで1語にすることができる（ブレンディング），単語をオンセットとライムに分けることができる（セグメンティング）
STEP4	連続子音を含む単音節の単語が読める・書ける（例：frog，）	
STEP5	ダイグラフを含む単語が読める・書ける（例：th，ch，sh など）	
STEP6	マジック e を含む単語が読める・書ける	
Next STEP	基本的な多音節の単語が読める・書ける	音節と音節をつないで1語にすることができる，単語を音節に分けることができる

＊表で「読める」「書ける」とは，意味を理解しているかいないかではなく，「文字を音声化できる」「音声を文字化（スペリング）できる」ことを意味します。

＊本書では，単音節語の基礎スキルとなる STEP6 までを扱っています。

＊ワークでは，子どもに注意を促したい文字（特に母音）をわざと太字にしたり，網を掛けたりしています。学習が進むにつれて，太字や網が取れていく仕組みになっています。

躓いたら前に戻る

子どもの様子を見ていると,「さっきまで間違えずにできていたのに,急に間違いが増えた」と気づくことがあります。その際は,次の段階に進む準備がまだ整っていなかったのかもしれません。誤りを継続させず,さっと「１つ前の段階」に戻りましょう。

無意味語について

文字の操作練習時における無意味語活用の利点の１つは,ターゲットとなる文字をさまざまに組み合わせられることだと思っています。本書の Exercise では,ほとんどの単語は日本の中高生が目にする可能性のある実在語（real word）から選びましたが,一部の練習問題では無意味語も用いています。

到達チェックテストについて

本書は,各 STEP ごとに「到達チェックテスト」があります（各 STEP 最後のページ）。次の段階に進む前に,子どもの到達度を把握しておくと,子どもも先生も自信を持って次のステージに進んでいくことができます。

「到達チェックテスト」は暗記テストではなく,文字から音,音から文字の対応スキルの定着度の確認を目的としています。暗記した単語を読んだり書いたりするものではありません。できていない部分は指導がまだ十分ではなかった可能性があります。

また,何点から「合格」というラインがあるわけではありませんが,70％以下だと,私は次に進むのをためらいます。特に書き取りで間違えたところは,音韻認識の影響が強いと考えられますので,適切な指導がないままではその次の段階でも誤りが継続し続ける可能性があります。聞こえ方は個人差があることから“自然にできるようになる”のを待たず,むしろ“誤りが定着する”ことを回避するために,その場で間違えた音の確認や,構音をチェックすることが大切です。一度定着した誤りを修正することは,とても困難です。

STEP2 から STEP6 は,ほぼ段階的に難易度が上がっていきます。

そのため,例えば STEP3 の３文字単語で大きく躓いている子どもが STEP4 に進むのはお勧めできません。STEP3 のどのあたりで躓いたかをテストから読み取り,「急がば回れ」で特に間違えた部分の練習をもう数回繰り返すことが大切です。

また,本書は Exercise がとても多く,「この子には簡単すぎる」「もうこのステップは終わっていいのではないか」と先生が感じることもあるでしょう。その場合にチェックテストを行い,できていれば次のステップに進む準備ができているとみなしても良いでしょう。

子どもの現状を知る「単語の読み書き総合チェックテスト」

　総合チェックテストは，本書の Exercise 内容に基づいて作成しています。使い方としては，本書の Exercise を始める前と後の事前・事後テストとして用いて，子どもの現状を知り，成長を確認することができます。

進め方

- 総合チェックテスト　解答用紙（p. 19）をコピーして配布します。
- 書き取り課題からはじめます。p. 20教師用に記載された課題を 1 から20まで読み上げます。時間制限は特にありません。（集団実施可）
- 全員の用紙を回収します。
- 読み課題（18ページ下部）を切り取って渡し，1 から20を音読するように指示します。（個別実施のみ）
- 読み課題実施中，試験者は解答用紙に正誤を記入していきます。

-------------------------------- 子どもに配布時にはここできりとり --------------------------------

総合チェックテスト　読み課題

　次の単語を 1 から順にはっきり 2 回ずつ読んでください。わからなければパスしてください。

1. ib	2. ag	3. en	4. ol	5. seg
6. mip	7. fom	8. hack	9. swon	10. bist
11. splend	12. frimp	13. mash	14. pring	15. phlip
16. smatch	17. zame	18. tope	19. chime	20. plute

総合チェックテスト

実施日　　月　　日　　　　　　　　　　年　　組　名前

書き取り課題：テストではすべて意味のない無意味語か，知らない単語を使っています。	
1.	11.
2.	12.
3.	13.
4.	14.
5.	15.
6.	16.
7.	17.
8.	18.
9.	19.
10.	20.
	合計　　/20

読み課題：単語を1から20まで順に音読しましょう。

1.	2.	3.	4.
5.	6.	7.	8.
9.	10.	11.	12.
13.	14.	15.	16.
17.	18.	19.	20.
		合計	/20

総合チェックテスト　教師用

	課題	内容	V	C	digraph, magic e	その他（書き取り）
1	ib	STEP2 2文字単語	i	b		
2	ag		a	g		
3	en		e	n		
4	ol		o	l		
5	seg	STEP3 3文字単語	e	s, g		
6	mip		i	m, p		
7	fom		o	f, m		
8	hack		a	h	ck	hak／hac でも可
9	swon	STEP4 連続子音を含む単語	o	s, w, n		
10	bist		i	b, s, t		
11	splend		e	s, p, l, n, d		
12	frimp		i	f, r, m, p		
13	mash	STEP5 ダイグラフを含む単語	a	m	sh	
14	pring		i	p, r	ng	
15	phlip		i	l, p	ph	flip でも可
16	smatch		a	s, m	tch	smach でも可
17	zame	STEP6 マジック e を含む単語	a	z, m	a-e	
18	tope		o	t, p	o-e	
19	chime		i	m	ch, i-e	
20	plute		u	p, l, t	u-e	

■ チェックテストからわかること

　書きテストのほうが，読みテストよりもずっと難しいのは先生方も感じておられることでしょう。特に暗記に頼らない書き取りでは，聞こえてきた音声のかたまりを正しくとらえ，文字の単位に分解し，それを正しい文字（の組み合わせ）に対応させ，正しい形で書くという過程を経ます。それぞれの段階がしっかり育っていなければ，同じように間違えます。子どもの誤りの分析について少し説明をしたいと思います。

子どもの間違い

　書き取りテストの誤りを，どのように見れば良いのでしょうか。ただ○×をつけるだけではもったいないほどの情報が隠れています。子どもの誤りから確認できる情報をいくつかピックアップします。

POINT1

　「正しく書けていない」にも色々あります。覚えていないから書けなかったのか，覚えていても文字形が思い出せなかったのか，あるいは組み合わせが思い出せなかったのでしょうか。音が聞き取れていても，もし，学習障がいなどで文字と音の対応習得が苦手であれば，いくら練習をしても文字を思い出すことが困難な場合があります。文字形そのものを習得することが困難なのか，それともアルファベットボードの指さしならできるのか，アルファベットブロックを並べることならできるのか，といったように "できること" を探します。「読めているのに書けない」場合，あるいはそのギャップが大きい場合は，特に気をつけて，書く以外の選択肢も視野に入れながら，どうすれば「鉛筆で書く」以外の方法でエンコーディング練習ができるのか，評価ができるのかを模索しなければなりません。

　例えば，アルファベットボードを見ながら，あるいはタイピングで書き取りができるなら，それでエンコーディングの練習は可能でしょう。手書きにこだわりすぎず，もっと大切な「音と文字の対応」の練習方法を進めることが，子どもの学習成果につながります。

POINT2

　文字が重なっている，間隔がうまくとれないなど，書字そのものに困難はありませんか。あるいは，f と t，b と d，m と w など形状が似ている文字で，混乱している様子が見られませんか。やる気がなくて書かないのか，それとも書きたいけれどがんばってもうまく書けないかの見極めが大切です。後者の場合は，視覚的空間認知や協調性運動障がいの可能性も考えられるでしょう。文字が正しく書けるようになる，認識できるようになるのは専門の先生にお任せすることで改善が期待できるケースもあります。何度も書いて改善するというわけではないた

め「書けるようになる」のをがんばらせるだけではなく，エンコーディングスキルに集中できるよう，手書き以外の選択肢を与えることも大切です。POINT1 と同様に，いくつかの可能性を模索する必要があるでしょう。

POINT3

　単語の文字の数が足りない（脱落），文字の位置が入れ替わっている（置換），不要な文字が加わっている（追加）などの誤りがありませんか。その場合，ワーキングメモリ（作業記憶），あるいは，音韻認識の弱さが原因である可能性も高いのではないかと考えています。記憶への負荷を下げるために私は文字と音を大きな単位（音節，オンセット−ライム，ライム）で扱うことはとても有効だと感じています。

POINT4

　母音や，似た音の誤りが継続していませんか。例えば，l と r は混乱が続きやすく，同じように，母音の a，o，u の誤りも継続しやすい傾向があるようです。ほかにも個々の子どもで苦手な音があるようです。誤りが継続する原因としては，音の聞き分けの初期段階で間違った音と文字がインプットされ，定着してしまったことが考えられます。そのほか，もともと音の聞き分けに弱く，類似の音の違いを聞いて認識することができていない可能性もあるでしょう。前者の間違いでは，正しい音と間違った音を繰り返し聞き比べさせ違いに気付かせることが大切です。しかし，一度定着したものを新しい情報に置き換えることは，本当に骨が折れます。文字と音との出会いの初期に正しい形や音を導入することが一番大切です。

　後者の場合，つまり，音の聞き分けが弱い場合は，音を交互に聞かせても良くわかっていない顔をします。難しいようであれば，それ以外の方法で文字に結びつける方法を探しましょう。一番手っ取り早いのは，口の形，動作（ジェスチャー）や発音と文字を結びつけることです。例えば e と a の区別がつかない場合，まずは口の形，舌の位置で視覚的，運動感覚的に違いをはっきりと教えます。手話を想像してもらえると良いかと思います。聞く力が弱くても，見ることや口の動きなどで文字につなぐことは可能です。決して音をおろそかにするのではなく，補強のつもりで「a は /a/ という音で，口の形・舌の位置はこうなっているよ。絵ではこうなるよ」と記憶に結びつけるいくつものきっかけをつくります。

　単語の文字が少ない，増えている，入れ替わっているなどの場合は，まず単語の音の数を数えられるか（オンセット−ライムから辿るのでも良い）を確認します。音の数が合っていれば，文字の組み合わせや文字と接続できていないことが疑われます。もし，音の数が間違っていれば，音の足し算・割り算に弱さがある可能性があります。また，音の数は合っているけれど，その操作数が増えると混乱する（例えば，3つくらいまでは数えられるけど，4つ以上になるとあやふやになって"あれ，最初の音はなんだったっけ"となる）場合，ワーキングメモリの

弱さも考えられます。

　ワーキングメモリの弱さへの対応は，「頭の中だけで作業をさせない」ことから大切です。視覚化する手段として聞こえた音を一時的にでも保持しておくために，カタカナでも良いので書く，次に，音の割り算を大きい単位から始めて小さい単位にしていく（音素ではなくオンセット-ライム）。本書の **Exercise** は，ワーキングメモリの弱い子どもへの配慮として，オンセット-ライム単位での読み書きに重点を置いています。定着するまで焦らず，一つ一つ確認しながら取り組ませましょう。

【参考文献】

Adams, M. J. (1990) Beginning to Read: Thinking and Learning About Print. Cambridge, MA: MIT Press.

Ehri, Linnea C. & Robbins, C. (1992) Beginners need some decoding skill to read words by analogy. Reading Research Quarterly, 27(1), 12-26.

文部科学省（2014）通常の学級に在籍する発達障害の可能性のある特別な教育的支援を必要とする児童生徒に関する調査結果について．http://www.mext.go.jp/a_menu/shotou/tokubetu/material/__icsFiles/afieldfile/2012/12/10/1328729_01.pdf

Rose, J. (2006) Independent Review of the Reaching of Early Reading. Final Report. http://dera.ioe.ac.uk/5551/2/report.pdf.

Shaywitz. S. (2003) Overcoming Dyslexia: A New and Complete Science-Based Program for Reading Problems at Any Level. New York: Knopf.

宇野彰（2004）発達性 dyslexia. Molecular Medicine, 41(5), 601-603.

Wydell, T. & Butterworth, B. (1999) A case study of an English-Japanese bilingual with monolingual dyslexia Cognition. 70, 273-305.

Wydell, T. & Kondo, T. (2003) Phonological deficit and the reliance on orthographic approximation for reading: a follow-up study on an English-Japanese bilingual with monolingual dyslexia. Journal of Research in Reading, 26 (1), 33-48.

湯澤美紀・湯澤正通・山下桂世子（2017）『ワーキングメモリと英語入門―多感覚を用いたシンセティック・フォニックスの提案』北大路書房.

 ## 使用フォントについて

　アルファベットに限らず，文字の形がうまく捉えられない，単語と単語の間にスペースを上手に入れられない子どもたちがいます。これは，本人の「見え方」「学び方」が違うことが原因で，従来の「書いて覚える」「丁寧に書くよう意識する」といった対応では不十分です。見え方が関係している問題では，オプトメトリストによる「ビジョントレーニング」などの本を参考にし，言語聴覚士，作業療法士などの専門家に認知的な弱さを補う方法を相談し実践すると，短期間で大きく改善することもあります。文字が正しく読み書きできることは，とても大切ですので，誤りが継続する場合，間違いやすい文字だけを取り出して形や向きなどを意識するように指導していく必要があります。

　日本語の漢字とかな文字では躓きやすいポイントが違うように，アルファベットも混乱しやすい文字があります。その一つが，小文字の「上下左右の識別」で，例えば p と b，q と g の文字で特に混乱が起きやすいことはよく知られています。このほかに h と n と r，f と t などの混乱も，初期学習者であればよく見られます。こうした視覚処理の混乱を少しでも軽減できるフォントは，誰にとってもプラスになる，ユニバーサルデザインの配慮として取り入れたいものです。多様なフォントに触れるのは，すらすら読めるようになってからでも遅くはありません。

　読みやすいフォントの条件としては，可読性，視認性，判読性の３点が一般に挙げられます。それ以外にも，文字の大きさ，字間，文字と背景の色なども読みやすさに影響します。本書では，comic sans を使用していますが，ほかにも sassoon フォントなど，余計な飾りがついておらずシンプルで，手書きの文字に近い動きを連想させるフォントは，初心者には負担が少なく，読みやすいようです。

　「century でも読めないわけではない」という意見はごもっともです。ですが，リテラシー指導の目的は「デコーディングスキルを身につけ，単語が読めるようになること」です。その際に，余計な力を使うような要素をなるべく排除し，デコーディングに100％の力で取り組めるよう，集中しやすい環境を整えることは，学習効果につながります。さらに言うならば，「一番良いフォント」とは"その学習者にとって"一番読みやすいと感じるフォントであるということを常に忘れずにいたいものです。

STEP1
アルファベット

[指導のねらい]

アルファベットは日本語でいえばかな文字に相当します。かな文字がしっかり定着していない段階で，教科書を読ませたりしないのと同様，単語や文を読む前にはしっかりアルファベットの文字を認識し，その音がわかっている状態であるかをチェックしましょう。

[STEP 1 で扱うアルファベット]

単語の読み書きには，まずはアルファベットの 1 文字を 1 音に対応させられることが必須です。ここでいう「1 音」とは，エイ，ビーという文字の名前（名前読みと言います）ではなく，a を /a/，b を /b/ とする音（おん）読みのことです（※ 注）。また「アルファベットの 1 文字 1 音が習得できている状態」とは，「文字を見たときにすぐに音声化できる」ことです。「この文字はなんだっけ，うーん」と考えたり，すぐに思い出せないようであれば，定着しているとは言えません。もし，1 文字 1 音が定着していない場合，この本の Exercise を始めるのはまだ難しいかもしれません。その場合，少し時間をとってでも，1 文字 1 音の対応練習から取り組んで下さい。その際の教材はなんでもかまいません。本書を使用する前には，どれくらいアルファベットが読めて書けているかを，アセスメントテストで確認してから始めましょう。

※注：本書では，アルファベットの文字の名前（letter names；abc をエイ，ビー，シーと読む）を「名前読み」，文字の音（letter sounds；abc を /a/，/b/，/k/）を「音（おん）読み」と区別しています。

アルファベット一覧

年　　組　名前（　　　　　　　　　　）

a ant	**b** bell	**c** cat	**d** desk
e pen	**f** fish	**g** gift	**h** hat
i ink	**j** jam	**k** kick	**l** leg
m mix	**n** next	**o** fox	**p** plant
q/qu quick	**r** red	**s** skip	**t** top
u bus	**v** vest	**w** well	**x** tax
y yen	**z** zip		

STEP 1 小文字の読みチェック

● 所要時間

5分〜10分程度（制限時間なし），個別実施

● 用意するもの

アルファベットシート（p.28）子ども用1枚，アルファベットの読みチェック（p.31，アルファベット・チェックテスト上部）指導者用1枚

● 指導の手順

①「アルファベットシート」（p.28）をコピーし，子どもに配布します。

②指導者は，次のように説明をします。

「これからここに書いてあるアルファベットを，1番から順番に，同じ文字を2度ずつ声に出して読んでください。もし読み方を間違えたと思ったら，繰り返して訂正してもかまいません。もし読み方がわからなければ"パス"と言って次の文字に進んでください」

注：17番は「2つとも同じ読み方をします」と指示してください。

③指導者は「アルファベットの読みチェック」（p.31，アルファベット・チェックテスト上部）に，子どもの発音ができていれば○を記入します。誤った場合，どのように間違えたかを記録しましょう。例えば，「母音が後ろにはっきりついているローマ字読み」の場合，採点者の主観に頼るしかありませんが，あまりにもその傾向が強い場合，たとえば /m/ が /mu/ のように発音されていた場合，m＋u，あるいは「ム」のように記録しておくと良いでしょう。大切なことは，○か×かではなくあくまでも現状を正確に記録することです。

● 指導上の注意点

●アセスメント中は，実施者からのヒントを与えないように「合ってる」「うーん（間違ってるな）」といった反応は決して見せないようにしましょう。回答にとても苦労しているようであれば，「できるだけでいいよ」「がんばってるね」「あと少しだよ」など，励ましの声をかけてもかまいませんが，正誤に関する情報は与えないように注意しましょう。

アルファベットシート

実施日　　月　　日　　　　　年　　組　名前（　　　　　　　　　　）

　アルファベットの小文字を，エイ，ビー，シーではない読み方で，2回ずつ，はっきりと読んでください。もし読み方がわからなければ，「パス」と言って次の文字に進んでください。

1.	h	2.	c	3.	b	4.	f	5.	m
6.	a	7.	r	8.	t	9.	y	10.	g
11.	n	12.	d	13.	s	14.	u	15.	v
16.	p	17.	q, qu	18.	j	19.	i	20.	o
21.	x	22.	w	23.	e	24.	k	25.	l
26.	z								/26

STEP1 小文字の書き取りチェック

● 所要時間

5分〜10分程度（制限時間なし），一斉実施可

● 用意するもの

「アルファベット書き取り課題」（p.30）指導者用1枚，解答用紙（p.31，アルファベット・チェックテスト下部）各子どもに1枚

● 指導の手順

①解答用紙をコピーし，切り取り，配布します。実施日，名前を記入するよう指示します。

②指導者は次のように説明をします。

　「これから聞こえる音を，アルファベットの小文字で解答用紙に書いてください。もし文字がわからなければ，その問題は空白にしておいてください」

③指導者は，「アルファベット書き取り課題」（p.30）をゆっくり2回ずつ発音していきます。

④全員が書き終わったら，解答用紙を回収します。

⑤25点満点で採点をします。（c と k は同じ発音のため1問減らしています）

　注：12番はどちらでも正解です。テスト中に迷う様子が見られたら，「どちらでもいいよ」と説明して下さい。

● 指導上の注意点

●書き取り時間に制限はありません。また，「もう一度聞きたい」という子どもがいれば，何度でも繰り返してかまいません。全員が書き終わるのを確認しながら次の問題に進みましょう。

●自分で発音する代わりに，アプリ（p.125）などを用いてネイティブの音声を聞かせても良いです。

●読みチェック同様，励ましの声をかけてもかまいませんが，正誤に関する反応はしないよう注意して下さい。

「アルファベット書き取り課題」（指導者読み上げ用）

1. b	2. d	3. h	4. f	5. t
6. m	7. r	8. a	9. y	10. i
11. s	12. c/k	13. n	14. u	15. v
16. e	17. w	18. p	19. g	20. o
21. q, qu	22. j	23. x	24. l	25. z
				/25

採点について

● 「教えていないこと，身についていないことができないのは当たり前」と先生自身が思っていることは，とても大切です。子どもが努力していないからでもなく，能力がないからでもなく，「まだ知らなかった」「まだ身についていなかった」だけのこと。チェックの目的は「スタート地点を決めるためだよ」という態度を明確に示し，「できていないところから，始めよう」と伝えることは，生徒の安心感と信頼感につながります。

● 採点の結果は子どもと共有し，「この文字が読めなかったから，この文字を練習しよう」と具体的に学習目表や内容を設定し，指導者が責任を持って「一緒にがんばろう」といった態度でテスト結果を扱うことが大切です。

● また，アルファベット指導の後に「最初はこれくらいだったけど，今はこんなにできるようになったよ」と示しても良いでしょう。

アルファベット・チェックテスト

実施日　　月　　日　　　　　　　**年**　　**組**　**名前（**　　　　　　　　　**）**

アルファベットの読みチェック（指導者用記入シート）

1.		2.		3.		4.		5.	
6.		7.		8.		9.		10.	
11.		12.		13.		14.		15.	
16.		17.		18.		19.		20.	
21.		22.		23.		24.		25.	
26.								合計　　/26	

——————— キ リ ト リ ———————

実施日　　月　　日　　　　　　　**年**　　**組**　**名前（**　　　　　　　　　**）**

聞こえたアルファベットを小文字で書きましょう。わからなければ空白にしてください。

1.		2.		3.		4.		5.	
6.		7.		8.		9.		10.	
11.		12.		13.		14.		15.	
16.		17.		18.		19.		20.	
21.		22.		23.		24.		25.	
								合計　　/25	

 **間違いやすい文字はどう指導する？**

　英語の小文字は，左右上下の反転が起こりやすい文字です。もし，そうした間違いが多ければ，誤りやすい文字だけを取り出して読む練習をすると良いでしょう。ここでは，b，d，p，q の練習例を紹介します（イラスト1，2参照）。手指で文字を表しながら，/b/，/b/，/b/，/d/，/d/，/d/ と指の形やイメージと音を結びつけるようにします。

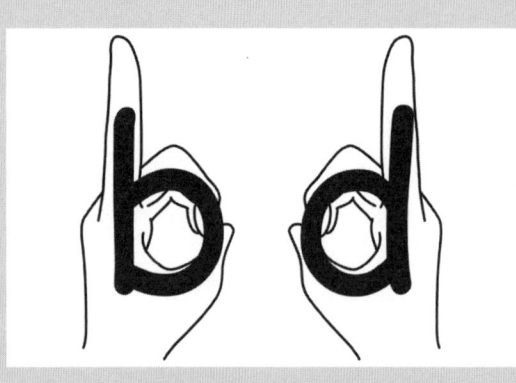

イラスト1

イラスト2

Exercise1　指で文字の形を確認しながら，下の文字列を読んでみよう。
　　　　　できたらチェックしよう。

□　b b b d d d b b d d b d

□　d d b b d b b d d b d d

□　b d d b b d b d d b b d

Exercise2　指で文字の形を確認しながら，下の文字列を読んでみよう。
　　　　　できたらチェックしよう。

□　p p p q q q p p p q q p p

□　q q p p q p p q p q q p p

□　q p p q p p q q p p p q p

STEP2
2文字単語　V（母音）＋C（子音）

[指導のねらい]

2文字の操作と，音素の操作を身につける。

短母音に慣れ親しむ。

[STEP2で扱う音素の操作スキル]

2文字の単語の読みでは，文字の操作練習と同時に，口頭で音の足し算（ブレンディング），割り算（セグメンティング）活動をします。文字を使わない音韻の操作に慣れていきましょう。

音素の操作

→ 音素ブレンディングとは，音素と音素をつないで1語にする「足し算」（混成）操作。

2つの音を素早くつなぐ例：/o/，/g/ → /og/。

3つの音素をつなぐ例：/d/，/o/，/g/ → /dog/。

→ 音素セグメンティングとは，語に含まれる音を音素の単位で分けていく「割り算」（分解）操作。音素セグメンティングは，スペリングで特に重要です。

2音素からなる語を音素に分ける例：/en/ → /e/，/n/。

3音素からなる語を音素に分ける例：/pen/ → /p/，/e/，/n/。

2文字単語　読み書き指導のポイント

指導の進め方

　練習は，基本的に「音と文字の操作」をセットで進めて行きます。

　2音では，特に母音の聞き分け，言い分けに意識を向けるようにしましょう。母音は子音よりも強めに発音するよう指示します。たとえば，e + t = /et/ では，/e/ をしっかり長く，/t/ は短く添えるようなイメージです。

　本書では，音韻意識活動の際に手のひらを使って音の単位を表していますが，手の代わりにマグネットを使う，○や□の図をノートに書いて指すなどでもかまいません。明示的に音の単位を視覚化することが，とても大切です。

　文字指導の前に，短くて良いので音韻の操作練習を入れることで，文字操作の弱い生徒の読みと書き取りのスキルが向上します。読み練習の前には「音の足し算（ブレンディング）」練習，書き練習の前には「音の割り算（セグメンティング）」練習を行いましょう。

　音から文字への対応の不一致があると，書き取りの際の間違いにつながります。もし，書き取りミスがあれば，その場で「どのように音を認識して書き間違えたのか」を確認しましょう。例えば，もし et を at と書いたのなら，/e/ と /a/ を発音させ，区別できているかどうかチェックします。次に，/e/ と /a/ を聞かせ，どちらの音が聞こえたか，聞こえ方を指差しなどで確認しましょう。ネイティブの発音を聞かせたいときや，自分の発音に自信がない場合は，アプリなど（p.125参照）で音声を聞かせても良いでしょう。

とても似ている3つの短母音

　日本人にとって難しいのは子音よりも母音だろうと感じています。とくに「ア」と聞こえてしまう /a/，/u/，/o/ の3つの母音は，先生でもしっかり言い分けることができていないのではないでしょうか。だからといって全部「ア」と教えると，「音から文字」へとエンコーディングする際に，かなり混乱が生じますし，スペリングも視覚的暗記だけではなく，動作（舌や息など）も使って多感覚で覚えるため，3つを区別することは重要です。決してネイティブを目指す必要はないのですが，さまざまな発音教材などを参考に，まずは"自分なり"でも良いので3つの母音の「口の形ができる」ようになることを意識してみて下さい。

音と文字の操作導入例

T：今から聞こえる2つの音を，つないで1つの単語にします。よく聞いてくださいね。
　　/a/（右手でパー），/t/（左手でパー）。（両手を重ねる）つなぐと？

T&S：/at/.

T：Good！　では，/a/（右手でパー），/b/（左手でパー）。（両手を重ねる）つなぐと？

T&S：/ab/！

T：Very good!

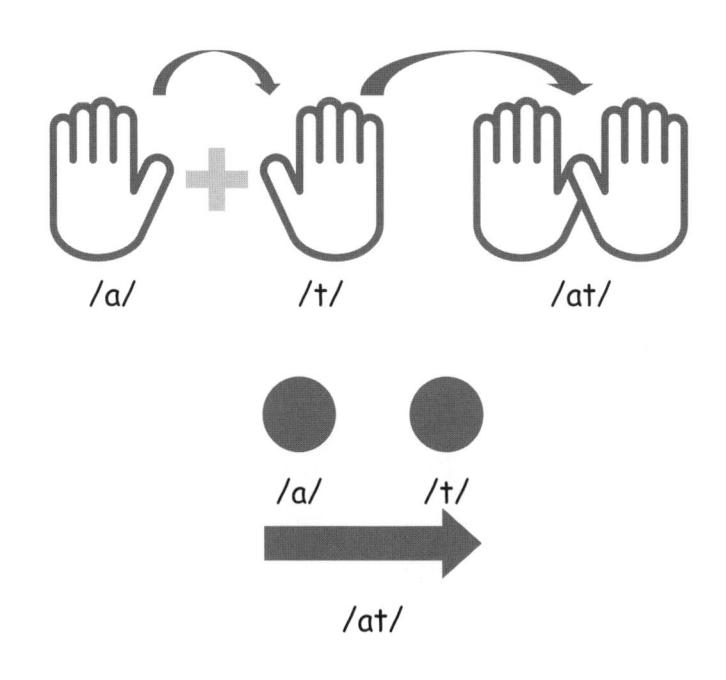

/a/　　　　/t/　　　　/at/

/a/　　/t/

/at/

手を使って示したり，

丸い紙やマグネット
で1音，矢印で「足
し算」を表すなど視
覚的に！

STEP2 　Exercise 指導の手引き

🔊 Exercise1・Exercise2　（指導時間の目安8—10分）

①文字は見せず，下の指示を参考に，基本の「音の足し算（ブレンディング）」を練習する。

T：今から2つの音の足し算をします。よく聞いてください。（右手をパーにしながら）/a/，
　　（左手をパーにながら）/t/，（両手を並べて）/at/.

T：今度は，私が2つの音を言うので，皆さんは先ほどのように1つにつないで言ってくださ
　　い。/a/，/b/…．（動作をしながら）

S：/ab/.

T：Very good. /a/，/n/…?

S：/an/.

T：Good!　（続ける）

---

②ワークを見せずに，Exercise からいくつか単語を選びながら，
　「つなぐ練習（音の足し算）」をする。

③ワークを配布し，日付を記入させる。

④子どもは，リストの単語を上から順に一斉に1列ずつ読んでいく。

⑤1列読み終わったら，つまった・読み間違えた単語に，自分でチ
　ェックを入れるよう指示する。

ワーク記入例		
日付	4/20	4/24
in	○	○
it	○	○
ig	×	×
ib	○	○
il	○	○

指導上の注意点

● ワークでは，子どもに注意を促したい文字（特に母音）を強調しています。しっかりアクセ
　ントを置くように注意しましょう。

●「つまった」とは，すんなり読めなかったり，言い間違えも含む躓きです。

● ペアワークは，相手の読みにも耳を澄ますため，効果的な練習方法です。お互いのワーク用
　紙を交換し，1列ずつ交代しながら読む。相手が読めていれば相手の用紙にチェックを入れ
　るよう指示しましょう。

● 個別指導では，指導者が子どもの読みの正誤を1語ずつチェックします。誤りは，「その音
　かな」「もう一度読んで」など注意を促し，発音指導が必要であれば指導します。

音をつなぐ読み　　　　　　　　　　年　　組　名前（　　　　　　　　）

読み活動の前に「音の足し算」をしましょう。

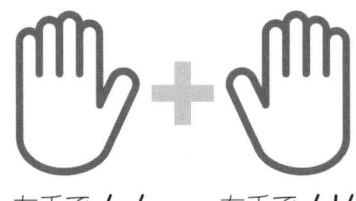

左手で /a/ 　　　右手で /d/ 　　　　　/ad/

«🔊 Exercise1　　次の単語が読めたら○，つまった・読み間違えたら × を記入しましょう。

i				e				a			
日付	/	/	/	日付	/	/	/	日付	/	/	/
in				et				at			
it				eg				ag			
ig				eb				ab			
ib				el				al			
il				en				an			

«🔊 Exercise2　　次の単語が読めたら○，つまった・読み間違えたら × を記入しましょう。

o				u				i			
日付	/	/	/	日付	/	/	/	日付	/	/	/
ot				ut				ip			
og				ug				im			
ob				ub				iz			
ol				ul				il			
on				un				ik			

🔊 Exercise3 （指導時間の目安5－8分）

①ワークを見せずに Exercise から単語をいくつか選び「音の足し算」をする。（Exercise1,
2と同様）

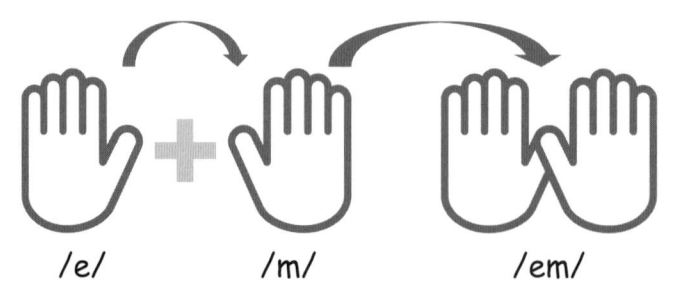

②ワークを配布し，日付を記入させる。

③子どもは，リストの単語を上から順に一斉に1列ずつ読んでいく。

④1列読み終わったら，つまった・読み間違えた単語に，自分でチェックを入れるよう指示する。

個 別 指 導：教員が子どもの読みの正誤をチェックする。

ペアワーク：用紙を交換し，1列ずつ交代しながら読む。相手が読めていれば，相手の用紙に
チェックを入れるよう指示する。

👤 Exercise4 （指導時間の目安3－5分）

「これから聞こえてくる単語を良く聞いて，母音を選んで丸をつけましょう」と指示する。

Exercise4　指導者読み上げリスト例		
①	kit	1セット，一式
②	lip	唇
③	man	男
④	den	巣，書斎
⑤	sit	すわる
⑥	rat	ネズミ

2文字単語の読み＋真ん中の音の聞き取り①

年　　組　名前（　　　　　　　　　　　）

読み活動の前に「音の足し算」をしましょう。

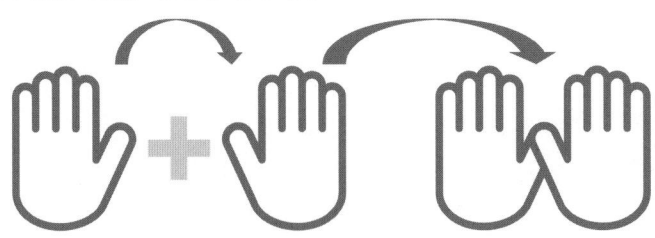

🔊 Exercise3　次の単語が読めたら○，つまった・読み間違えたら × を記入しましょう。

e, a				**a, o**				**o, u**			
日付	/	/	/	日付	/	/	/	日付	/	/	/
em				ap				ov			
ed				an				ol			
ef				ak				ub			
en				ax				uz			
ad				oz				um			
af				ox				ud			

👤 Exercise4　これから聞こえる単語の，真ん中の音（母音）を聞き取り，3つのうちから選んで丸をつけましょう。

真ん中の音
だよ。

(d)　(o)　(g)

①	k	i e a	t	③	m	i e a	n	⑤	s	i e a	t
②	l	i e a	p	④	d	i e a	n	⑥	r	i e a	t

ᵈ⃝ Exercise5 （指導時間の目安5—8分）

①ワークを見せずに Exercise から単語をいくつか選び「音の足し算」をする。（Exercise1，2と同様）

②ワークを配布し，日付を記入させる。

③子どもは，リストの単語を上から順に一斉に1列ずつ読んでいく。

④1列読み終わったら，つまった・読み間違えた単語に，自分でチェックを入れるよう指示する。

個別指導：教員が子どもの読みの正誤をチェックする。

ペアワーク：用紙を交換し，1列ずつ交代しながら読む。相手が読めていれば相手の用紙にチェックを入れるよう指示する。

♟ Exercise6 （指導時間の目安3—5分）

「これから聞こえてくる単語を良く聞いて，母音を選んで丸をつけましょう」と指示する。

Exercise6　指導者読み上げリスト例		
①	hip	腰
②	gap	ギャップ
③	men	男（複数形）
④	fig	いちぢく
⑤	ten	10（数字）
⑥	can	できる

２文字単語の読み＋真ん中の音の聞き取り②

読み活動の前に「音の足し算」をしましょう。

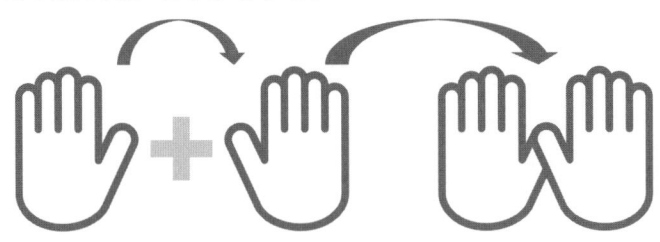

📢 Exercise5　次の単語が読めたら○，つまった・読み間違えたら × を記入しましょう。

日付	/	/	/	日付	/	/	/	日付	/	/	/
al				ab				ig			
el				eb				eg			
il				ib				ag			
ob				og				uf			
ub				ug				of			

👤 Exercise6　これから聞こえる単語の，真ん中の音（母音）を聞き取り，３つのうちから
選んで丸をつけましょう。

真ん中の音だよ。  　d　o　g

①	h	i e a	p	③	m	i e a	n	⑤	t	i e a	n
②	g	i e a	p	④	f	i e a	g	⑥	c	i e a	n

✎♪ Exercise7・Exercise9　（指導時間の目安5－8分）

①ワークを見せずに Exercise から単語をいくつか選び「音の足し算」をする。（Exercise1，2と同様）

②ワークを配布し，日付を記入させる。

③子どもは，リストの単語を上から順に一斉に1列ずつ読んでいく。

④1列読み終わったら，つまった・読み間違えた単語に，自分でチェックを入れるよう指示する。

👤 Exercise8・Exercise10　（指導時間の目安3－5分）

　下の例を参考に，両手を使って「音の割り算（セグメンティング操作）」を練習する。

※要領を得るまで数回かかるが，1度パターン化できると早い。

「音素の割り算（セグメンティング）」導入例

> T：先生が単語を言うので，まずリピートしてください。/it/.
>
> S：/it/.
>
> T：Good. 次に /it/ を，2つの音に分けましょう。（手で1音ずつ示しながら）
>
> T&S：/i/…./t/….
>
> T：では，次の単語も2つに分けてみましょう。/at/.
>
> T&S：/a/…/t/!
>
> T：Very good.

①ワークを配布し，日付を記入させる。

②指導者は直前の Exercise で扱った2文字の単語をランダムに読み上げる。

③1問ずつ黒板に正解を書き，答え合わせをする（誤答は消さずに赤字で修正するよう指示する）。

指導上の注意点

● 読み練習をじっくり行わなかった場合，母音の書き取り間違いがとても多くなるはずです。指導は，早く読ませることではなく，正しい口の形を意識しながら発音することです。STEP2 をおろそかにすると STEP3 はもっと難しくなるため，「どう聞こえた？」「どういう口で発音した？」と，丁寧に聞こえる音と自分の発音を一致させるよう促しましょう。

2文字単語の定着問題① 　　　年　　組　名前（　　　　　　　　　）

読み活動の前に「音の足し算」をしましょう。

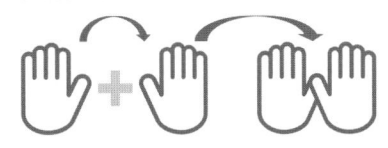

🔊 **Exercise7** 　次の単語が読めたら○，つまった・読み間違えたら × を記入しましょう。

日付	/	/	/	日付	/	/	/	日付	/	/	/
ep				af				ox			
ap				ef				ux			
ip				ed				uz			
on				id				at			
un				od				in			

👤 **Exercise8** 　単語を２つの音に分ける「音の割り算」練習です。

聞こえた単語を２つの音に分けて言ってみよう。

先生が単語を言う　　　　　　　　　　左手で１音　　右手で１音

聞こえた単語を書き取りましょう。最後に一度通して読みましょう。

日付	/		日付	/		日付	/		日付	/	
（例）	e	p	①			①			①		
①			②			②			②		
②			③			③			③		
③			④			④			④		
④			⑤			⑤			⑤		

2文字単語の定着問題②　　　　年　　組　名前（　　　　　　　　）

読み活動の前に「音の足し算」をしましょう。

Exercise9　次の単語が読めたら○，つまった・読み間違えたら × を記入しましょう。

日付	/	/	/	日付	/	/	/	日付	/	/	/
im				ud				ip			
ef				uz				et			
ap				el				eg			
an				en				ag			
og				ix				up			

Exercise10　単語を2つの音に分ける「音の割り算」練習です。

聞こえた単語を2つの音に分けて言ってみよう。

先生が単語を言う　　　　　　　　　　　左手で1音　　　右手で1音

聞こえた単語を書き取りましょう。最後に一度通して読みましょう。

日付	/		日付	/		日付	/		日付	/	
（例）	i	m	①			①			①		
①			②			②			②		
②			③			③			③		
③			④			④			④		
④			⑤			⑤			⑤		

STEP2 到達度チェックテスト

● テストの目的

このテストは、「どこができているか、いないか」を指導者側が把握し、子どもの躓きを補うために使用しましょう。例えば、混成で特に弱い音や文字があれば、そこを追加の練習などで補い、指導補助を先延ばしにしないようにします。3文字、4文字と文字操作が増えるほど難しくなりますので、易しい段階から子どもの誤りを把握し、早期に躓きを解消しておくことは大切です。

● 所要時間

7〜10分程度

● 読みチェックテスト（個別実施）

問題10問を順番に「2回ずつ」読むように指示する。もし、言い間違えたと思ったときは、何度言い直しても良い。

● 書き取りチェックテスト（一斉実施可）

問題を先生が読み上げ、子どもに書き取るよう指示する。問題は2回繰り返す。自分で発音する代わりに、アプリ（p.125）などを用いてネイティブの音声を聞かせても良い。読みアセスメント同様、励ましの声をかけても良いが、<u>正誤に関する反応はしないよう注意する。</u>

> 読み上げ課題
> ① en ② it ③ ik（ic, ick でも可） ④ ap ⑤ ug ⑥ on ⑦ om ⑧ ad ⑨ et
> ⑩ up

● 評価の基準

下記のポイントなどを生徒の評価表にメモをしておきましょう。

①正しく読み書きができているか（正確さ）

②素早く読めているか、考え込んだりしていないか（スピードは一定か）

③母音の発音を区別できているか、どの音／文字が弱いか（母音）

④苦手な子音がないか、どの音／文字が弱いか（子音）

STEP2 到達度チェックテスト

実施日　　月　　日　　　　　　年　　組　名前（　　　　　　　　　）

下の単語を2回ずつ読みましょう。

①	et	⑥	in
②	ip	⑦	ak
③	ug	⑧	es
④	om	⑨	oz
⑤	al	⑩	uf

合計　　点

聞こえた単語を書き取りましょう

①		⑥	
②		⑦	
③		⑧	
④		⑨	
⑤		⑩	

合計　　点

STEP3
3文字単語　C（子音）＋V（母音）C（子音）

[指導のねらい]
　3文字の操作と，オンセット-ライムの単位での読み・書きスキルを身につける。

[STEP3で扱うオンセット-ライムでの聞くスキル]
　2文字語がすらすらと読めるようになれば，基本的な短母音を用いた3音（CVC）で構成される単語の読み練習に進みます。2文字から3文字の読み書きは，たった1文字増えるだけですが，進度の個人差がはっきり見えるステージです。本書で用いる3文字単語は，子音と母音からなる1音節語です。母音より前の子音をオンセット，母音とその後ろの子音をライムといいます。オンセット-ライムの操作では，「つなぐ」と「わける」を音声でしっかり練習します。手やマグネットなどを使って，"2つのかたまり"として視覚的に示しましょう。

オンセット
-ライム意識

オンセット-ライムのブレンディングとは，母音の前の子音と母音以下の子音とを，素早くつないで単語にする操作。特に単音節の読みで重要です。
3つの音素をオンセット-ライムでつなぐ例：/d/, /og/ をつなぐと， /dog/ になる

オンセット-ライムのセグメンティングとは，音節をオンセットとライムに分解する操作。
3音素からなる語をオンセット-ライムに分ける例：/fog/ → /f/, /og/ の2つのかたまりに分ける

3文字単語 読み書き指導のポイント

■ オンセット–ライムの音の足し算と読み

音韻の操作練習と読み書き練習はセットで進めます。スムーズに読んだり書き取ったりできるようになるまでは，読み練習の前には文字を使わずに「音の足し算（ブレンディング）」，書き取り練習の前には「音の割り算（セグメンティング）」を行いましょう。

オンセット–ライムの足し算（ブレンディング）導入例

> T ：今から聞こえる2つの音を，つないで1つの単語にします。よく聞いてくださいね。
>
> 　/s/（右手でパー），/et/（左手でパー）。（両手を重ねる）つなぐと？
>
> T&S ：/set/.
>
> T ：Good! では，/b/（右手でパー），/at/（左手でパー）…？
>
> T&S ：/bat/!
>
> T ：Very good!

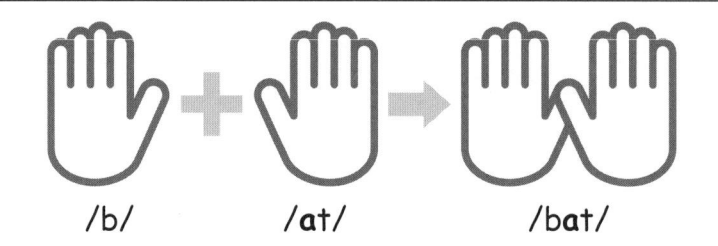

/b/　　　　/at/　　　　/bat/

■ 読み指導

3文字の単語を1つずつつなぐのではなく，下の図のように，オンセットとライムをそれぞれ別々に発音し，最後に1語として読みます。

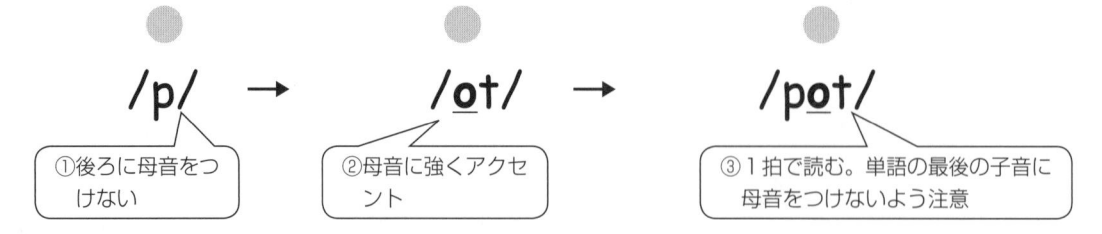

/p/ → /ot/ → /pot/

①後ろに母音をつけない　　②母音に強くアクセント　　③1拍で読む。単語の最後の子音に母音をつけないよう注意

■ オンセット–ライムの音の割り算と書き取り

音の割り算（セグメンティング）練習での手の動きは，「足し算」（ブレンディング）練習の逆になります。音を分ける操作は，つなぐ操作よりも難易度が高くなります。「オンセットと

ライムの足し算ができるのに，割り算ができない（うまく分解できない）」場合，子音と母音を分けるところに戸惑っているのかもしれません。その際は，あせらず「足し算」練習に一度戻りましょう。そして「足し算」がスムーズに素早くできるようになるまで「割り算」は待ってもいいでしょう。

オンセット-ライムの割り算（セグメンティング）　導入例

T：今から聞こえる単語を，2つの部分に分けてください。私が一度単語を言います。次にあなたが繰り返します。そのあと，最初の部分を左手をまな板にして右手の包丁で切り取り，空中にぽいっと投げます。そこは一緒に言います。

T：/fox/.

S：/fox/.

T&S：/f/（切る仕草），/ox/（右手で空中にぽいっと切り捨てる動作）。

T：Very good!

写真：オンセット-ライムの分解練習の様子

■ 書き取り指導

　単語は「聞き取る」だけではなく，聞いた音を文字の単位に小さく分けられなければ書きとれません。この操作練習は少し行うだけでも大きな効果がありますのでしっかり上記の「音の割り算」操作を行ってから，書き取りをしましょう。

　書き取り練習は，生徒がどのように音声を認識しているかが表れます。本書のワークでの誤りは「覚えていないから間違えた」のではありません。間違えた場合は，「正しい音が聞き取れているか」，「語を小さい単位に分けられているか」を確認し，「音と文字を対応させる」ことを大切にしましょう。

　単語を聞いて文字の単位に分解し，文字に対応させる際には，c を k と表記したり，tch を ch と書くことがあります。同じ音声であれば，この段階では決して"誤り"ではありません。

　l と r など日本人にとって聞き取りにくい音での書き取り間違いは，音の違いが認識できていない可能性があります。まずは構音（発音）ができているかどうかをチェックしましょう。もし，発音が同じでしたら，口の形や舌の動きなどの違いを示しましょう。

🔊 Exercise1・Exercise2 （指導時間の目安5—7分）

p.34—35の指示を参考に，基本の「音の足し算（ブレンディング）」を練習する。

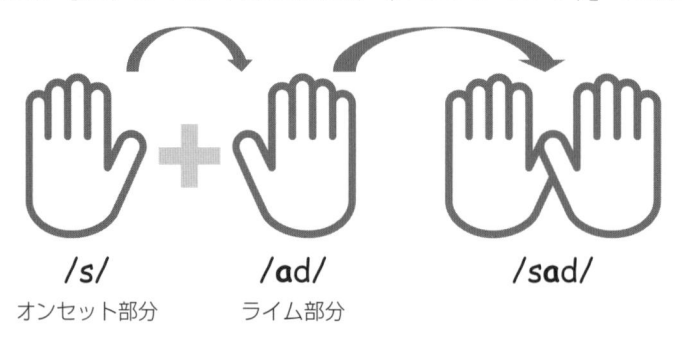

/s/　　　　　/ad/　　　　　　/sad/
オンセット部分　　ライム部分

①ワークを見せずに Exercise から単語をいくつか選び「音の足し算」をする。手と手を合わせて1語を作る動作をしながらリピートする。

②ワークを配布し，日付を記入させる。

③子どもは，リストの単語を上から順に一斉に1列ずつ読んでいく。

④1列読み終わったら，つまった・読み間違えた単語に，自分でチェックを入れるよう指示する。

指導上の注意点

● ペアワークは，相手の読みにも耳を澄ます効果があります。お互いのワーク用紙を交換し，1列ずつ交代しながら読む練習をしてみましょう。相手が正しく読めていれば，相手の用紙にチェックを入れるよう指示しましょう。

● 個別指導では，指導者が子どもの読みの正誤を1語ずつチェックします。誤りは，「その音かな」「もう一度読んで」など注意を促し，発音指導が必要であれば指導します。

ワーク記入例		
ad		
日付	5/7	5/12
s・ad	○	○
r・ad	○	○
m・ad	×	×
c・ad	○	○
b・ad	○	○

オンセット‐ライムの音の足し算と読み

年　　組　名前（　　　　　　　　　　　　）

読み活動の前に「音の足し算」をしましょう。

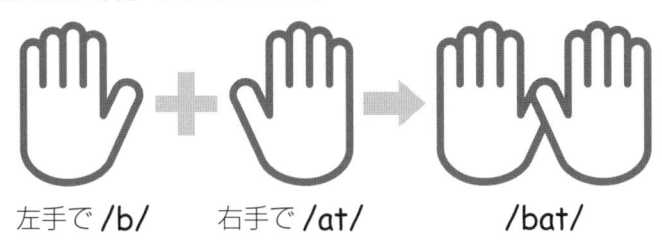

左手で /b/　　右手で /at/　　　/bat/

🔊 **Exercise1**　次の単語が読めたら○，つまった・読み間違えたら × を記入しましょう。

ad				ag				an			
日付	/	/	/	日付	/	/	/	日付	/	/	/
s・ad				j・ag				v・an			
r・ad				l・ag				f・an			
m・ad				n・ag				p・an			
c・ad				t・ag				t・an			
b・ad				m・ag				r・an			

🔊 **Exercise2**　次の単語が読めたら○，つまった・読み間違えたら × を記入しましょう。

at				en				et			
日付	/	/	/	日付	/	/	/	日付	/	/	/
s・at				m・en				l・et			
r・at				z・en				n・et			
h・at				h・en				m・et			
b・at				p・en				b・et			
c・at				t・en				p・et			

〈音〉 Exercise3 （指導時間の目安5—7分）

p.34—35の指示を参考に，基本の「音の足し算（ブレンディング）」を練習する。

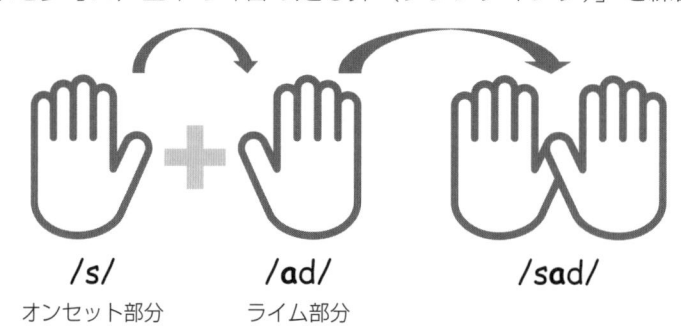

/s/　　　/ɑd/　　　　/sɑd/
オンセット部分　　ライム部分

①ワークを見せずに Exercise から単語をいくつか選び「音の足し算」をする。手と手を合わせて1語を作る動作をしながらリピートする。
②ワークを配布し，日付を記入させる。
③子どもは，リストの単語を上から順に一斉に1列ずつ読んでいく。
④1列読み終わったら，つまった・読み間違えた単語に，自分でチェックを入れるよう指示する。

〈人〉 Exercise4 （指導時間の目安3—5分）

①ワークを配付し，日付を記入させる。
②3文字語を読み上げ，<u>最初の音</u>をよく聞いて書き取るよう指示する。

Exercise4　指導者読み上げリスト例					
例	van	⑥	dat	⑫	fan
①	mad	⑦	jag	⑬	rat
②	lag	⑧	get	⑭	net
③	zen	⑨	jell	⑮	yen
④	pell	⑩	men	⑯	cad
⑤	weg	⑪	rad	⑰	sag

3文字単語の読み＋頭子音の書き取り①

年　　組　名前（　　　　　　　　　　　　）

読み活動の前に「音の足し算」をしましょう。

Exercise3　次の単語が読めたら○，つまった・読み間違えたら × を記入しましょう。

ell				eg				いろいろ			
日付	/	/	/	日付	/	/	/	日付	/	/	/
s・**ell**				l・**eg**				r・**an**			
f・**ell**				m・**eg**				c・**ad**			
t・**ell**				p・**eg**				h・**en**			
b・**ell**				k・**eg**				p・**et**			
d・**ell**				b・**eg**				f・**ell**			

Exercise4　単語をよく聞いて，最初の音を書き取りましょう。最後に通して読みましょう。

母音の前の音だよ（左手）

 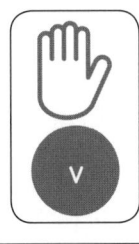 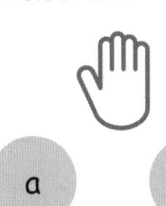

日付		/		日付		/		日付		/	
例	v	a	n	⑥		a	t	⑫		a	n
①		a	d	⑦		a	g	⑬		a	t
②		a	g	⑧		e	t	⑭		e	t
③		e	n	⑨		e	ll	⑮		e	n
④		e	ll	⑩		e	n	⑯		a	d
⑤		e	g	⑪		a	d	⑰		a	g

🔊 Exercise5 （指導時間の目安5－7分）

p.34—35の指示を参考に，基本の「音の足し算（ブレンディング）」を練習する。

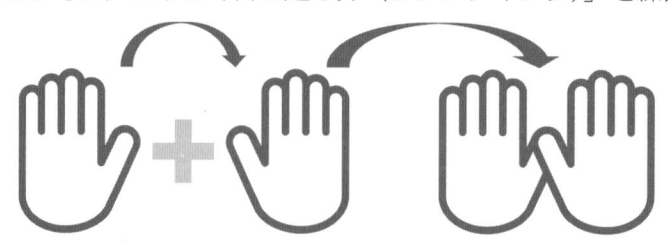

①ワークを見せずに Exercise から単語をいくつか選び「音の足し算」をする。手と手を合わせて1語を作る動作をしながらリピートする。

②ワークを配布し，日付を記入させる。

③子どもは，リストの単語を上から順に一斉に1列ずつ読んでいく。

④1列読み終わったら，つまった・読み間違えた単語に，自分でチェックを入れるよう指示する。

個 別 指 導：教員が子どもの読みの正誤をチェックする。

ペアワーク：用紙を交換し，1列ずつ交代しながら読む。相手が読めていれば，相手の用紙にチェックを入れるよう指示する。

👤 Exercise6 （指導時間の目安3－5分）

①ワークを配布し，日付を記入させる。

②3文字語を読みあげ，<u>最初の音</u>をよく聞いて書き取るよう指示する。

Exercise6　指導者読み上げリスト例					
例	sit	⑥	lid	⑫	jas
①	mag	⑦	dom	⑬	fin
②	hub	⑧	zaf	⑭	got
③	fet	⑨	kix	⑮	bef
④	sok/c	⑩	nut	⑯	reb
⑤	nep	⑪	pop	⑰	dug

※④は sok でも soc でもどちらでも良い。

3文字単語の読み＋頭子音の書き取り②

年　　組　名前（　　　　　　　　　　）

読み活動の前に「音の足し算」をしましょう。

Exercise5　　次の単語が読めたら○，つまった・読み間違えたら × を記入しましょう。
（ck は /k/ と発音します）

it				in				ick			
日付	/	/	/	日付	/	/	/	日付	/	/	/
m・it				f・in				n・ick			
n・it				k・in				l・ick			
s・it				p・in				k・ick			
k・it				t・in				s・ick			
p・it				b・in				p・ick			

Exercise6　　単語をよく聞いて，最初の音を書き取りましょう。最後に通して読みましょう。

母音の前の音
だよ

s　　i　　t

日付	/			日付	/			日付	/		
例	s	i	t	⑥		i	d	⑫		a	s
①		a	g	⑦		o	m	⑬		i	n
②		u	b	⑧		a	f	⑭		o	t
③		e	t	⑨		i	x	⑮		e	f
④		o	ck	⑩		u	t	⑯		e	b
⑤		e	p	⑪		o	p	⑰		u	g

◖♪◗ Exercise7・Exercise9・Exercise11・Exercise13 （指導時間の目安５—７分）

　p.34—35の指示を参考に，基本の「音の足し算（ブレンディング）」操作練習をしてから読みます。

👤 Exercise8・Exercise10・Exercise12・Exercise14 （指導時間の目安３—５分）

　聞こえた単語をオンセットとライムに分ける練習を経て，書き取り練習へ進みます。（p.48—49を参照）

> Ｔ：今度は単語を分ける練習をしましょう。先生が単語を言うので，リピートしてください。
>
> 　　/sit/。
>
> Ｓ：/sit/.
>
> Ｔ＆Ｓ：/s/（切る仕草），/it/（右手で空中にぽいっと切り捨てる動作）。
>
> Ｔ：（続けて次の単語）
>
> ※５語ほど試してみて，スムーズに分けることができていれば，書き取り練習に進む。

①ワークに日付を記入させる。

②音の割り算練習をする。（Exercise1 〜から適当に５〜10程度選ぶ）

③３文字語を読みあげ，書き取るよう指示する。（１回の分量は様子を見ながら決めます）

Exercise8　指導者読み上げリスト例				Exercise10　指導者読み上げリスト例					
①	kip	⑥	tog	①	web	⑥	mat	⑪	luck
②	dip	⑦	zip	②	net	⑦	wag	⑫	sack
③	con	⑧	rip	③	son	⑧	bib	⑬	bell
④	won	⑨	jog	④	pop	⑨	gap	⑭	bug
⑤	log			⑤	jam	⑩	sock	⑮	pun
Exercise12　指導者読み上げリスト例						Exercise14　指導者読み上げリスト例					
①	sit	⑥	bad	⑪	lock	①	set	⑥	ham	⑪	wag
②	web	⑦	luck	⑫	fax	②	lip	⑦	hop	⑫	bell
③	max	⑧	cap	⑬	sick	③	pup	⑧	get	⑬	jog
④	hug	⑨	yen	⑭	back	④	rock	⑨	fix	⑭	zip
⑤	mill	⑩	pack	⑮	lock	⑤	tan	⑩	hug	⑮	cap

　※例以外の単語を指導者が選んで（作成して）読み上げても良い。

オンセット-ライムの音の割り算と書き取り

年　　組　名前（　　　　　　　　　　　　）

🔊 Exercise7　音の足し算練習をしてから，次の単語を読みましょう。読めたら○，つまっ
た・読み間違えたら×を記入しましょう。

ip				on				og			
日付	/	/	/	日付	/	/	/	日付	/	/	/
l · ip				c · on				l · og			
z · ip				s · on				d · og			
r · ip				t · on				t · og			
k · ip				w · on				j · og			
d · ip				d · on				f · og			

書く活動の前に「音の割り算」練習をしましょう。

単語を２つ（母音の前，母音の後ろ）に分けてみましょう。

👤 Exercise8　聞こえた単語を書き取りましょう。

日付	/	日付	/	日付	/
①		④		⑦	
②		⑤		⑧	
③		⑥		⑨	

3文字単語の定着問題　　　　　　年　　組　名前（　　　　　　　　　）

🔊 Exercise9　音の足し算練習をしてから，次の単語を読みましょう。読めたら○，つまった・読み間違えたら×を記入しましょう。

日付	/	/	/	日付	/	/	/	日付	/	/	/
b・ib				w・eb				p・op			
t・ill				s・ell				j・am			
t・en				s・on				m・at			
n・et				c・op				l・ag			
m・eg				f・og				w・ag			

日付	/	/	/	日付	/	/	/	日付	/	/	/
g・ap				p・un				f an			
b・ug				f・un				b ell			
s・ock				m・an				f in			
h・ug				p・in				s ack			
l・uck				z・en				b ug			

👤 Exercise10　聞こえた単語の音の割り算練習をしてから，書き取りましょう。

日付	/		日付	/		日付	/	
①			⑥			⑪		
②			⑦			⑫		
③			⑧			⑬		
④			⑨			⑭		
⑤			⑩			⑮		

3文字単語の総合問題①　　　　　年　　組　名前（　　　　　　　　　）

🔊 Exercise11　音の足し算練習をしてから，次の単語を読みましょう。読めたら○，つまった・読み間違えたら×を記入しましょう。

日付	/	/	/	日付	/	/	/	日付	/	/	/
b et				m ax				l eg			
c ap				b ad				b ut			
l ab				r at				h ug			
w eb				l uck				k iss			
y en				k id				m ill			

日付	/	/	/	日付	/	/	/	日付	/	/	/
j et				d eck				m op			
s ick				j am				y et			
p ick				l ock				r ib			
s et				p in				c ut			
p ack				f ax				r at			

👤 Exercise12　聞こえた単語の音の割り算習をしてから書き取りましょう。

日付	/	日付	/	日付	/
①		⑥		⑪	
②		⑦		⑫	
③		⑧		⑬	
④		⑨		⑭	
⑤		⑩		⑮	

３文字単語の総合問題②　　　　年　　組　名前（　　　　　　　　　　）

🔊 Exercise13　音の足し算練習をしてから，次の単語を読みましょう。読めたら○，つまっ
た・読み間違えたら×を記入しましょう。

日付	/	/	/	日付	/	/	/	日付	/	/	/
t op				r ock				h am			
m et				c up				s et			
s un				p up				w in			
l ip				t an				h op			
s et				b us				y et			

日付	/	/	/	日付	/	/	/	日付	/	/	/
g et				n ap				t ag			
j ob				f og				w eb			
h ad				j ug				l ock			
f ix				h ug				b ell			
y ell				y en				c at			

👤 Exercise14　聞こえた単語の音の割り算習をしてから書き取りましょう。

日付	/		日付	/		日付	/	
①			⑥			⑪		
②			⑦			⑫		
③			⑧			⑬		
④			⑨			⑭		
⑤			⑩			⑮		

STEP3 | 到達度チェックテスト

● テストの目的

　最初の子音のかたまり（オンセット）と，母音から後ろのかたまり（ライム）がスムーズにつながっているかどうか，また，アクセントがきちんと置けているかどうか，ローマ字読みになっていないか（日本語音節的に読んでいないか）がポイントになります。

● 所要時間

　7〜10分程度

● 読みチェックテスト（個別実施）

　問題10問を順番に「2回ずつ」読むように指示する。もし，言い間違えたと思ったときは，何度言い直しても良い。（①から⑤は有意味語，⑥から⑩は無意味語）

● 書き取りチェックテスト（一斉実施可）

　問題を先生が読み上げ，子どもに書き取るよう指示する。問題は2回繰り返す。自分で発音する代わりに，アプリ（p.125）などを用いてネイティブの音声を聞かせても良い。

読み上げ課題

① mop　② kit　③ pack（pac, pak も可）　④ tap　⑤ deg　⑥ wip　⑦ zob　⑧ bun

⑨ rep　⑩ kud（cud も可）

● 評価の基準

①正しく読み書きができているか（正確さ）

②素早く読めているか，考え込んだりしていないか（スピードは一定か）

③母音の発音を区別できているか，どの音／文字が弱いか（母音）

● 指導上の注意点

　l と r，母音の o，u，a などに間違いが継続する子どもが必ずいます。聴覚認知や微細運動等の弱さがある場合，問題は“聞く”だけでは不十分。時間をかけて発音指導から行います。実際，聞き間違いよりも，文字数の間違いや文字の入れ違い（音韻意識ができていない）のほうが深刻なため，「聞き間違いは，大した間違いじゃないから気にしないでいい」と伝え，「口の形」「舌の動き」等から練習をしてください。

STEP 3　到達度チェックテスト

実施日　　月　　日　　　　　　年　　組　名前（　　　　　　　　　）

下の単語を 2 回ずつ読みましょう。

①	jet	⑥	fick
②	tin	⑦	raz
③	mud	⑧	jev
④	log	⑨	yox
⑤	bat	⑩	wum

合計　　点

聞こえた単語を書き取りましょう

①		⑥	
②		⑦	
③		⑧	
④		⑨	
⑤		⑩	

合計　　点

STEP4
連続子音を含む単語

[指導のねらい]
　４文字以上の語をオンセットーライム単位で素早く正確に読めるようになる。

[STEP４で扱う連続子音]

fl flag	**tw** twin	**pl** plant
st stop	**fr** frog	**br** brick
cl clock	**sn** snack	**tr** truck
dr drum	**sp** spot	**spl** splash
sw swiss	**sk** skip	**scr** scrap
cr crab	**bl** black	**str** strap

連続子音を含む単語　読み書き指導のポイント

■ 音の足し算練習

　扱う音や文字が増えますが，基本的には STEP3 のオンセット−ライム読みで進めます。各 Exercise の読み練習の前には，音声のみのブレンディング練習を実施しましょう。

> T：良く聞いて，次の２つの音のかたまりをつなぎましょう。/fl/ ＋ /ag/.
> S：/flag/.

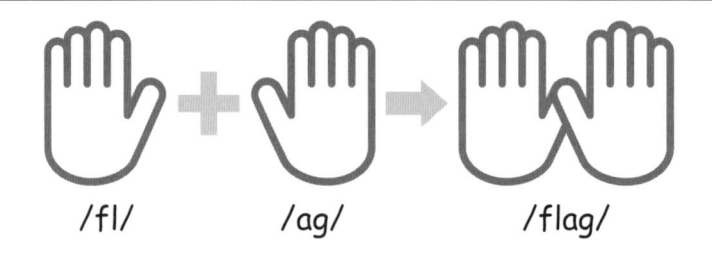

■ 読み練習

　基本的にはオンセット−ライムの読み方で，下の図のように，オンセットとライムをそれぞれ別々に発音し，最後に１語として読みます。

/tw/ ①後ろに母音をつけない

/in/ ②母音に強くアクセント

/twin/ ③１拍で読む。単語の最後の子音に母音をつけないよう注意

■ 注意点

● 子音が連続する読みの練習です。よけいな母音を加えないように特に注意しましょう。
● オンセット−ライムで音の足し算を十分にしておくと，後の音の割り算やスペリングで躓きません。簡単なことですが，基本をていねいに指導しましょう。

■ 書き取り練習

　書き取り練習は，「１問ごとに正解を示す」ようにします。誤った綴りは，必ず音声化させて，言い分けられているかどうか確認してください。

　書き取り練習の前には，オンセット−ライム単位のセグメンティング練習をします。書き取りで誤りが多いようであれば，ブロックなどを用いて，さらにそこから音素単位に分解します。

書き取り練習導入例

> T：良く聞いて下さいね，/stop/。２つに分けたらどうなりますか？
>
> S：/st/，/op/。（STEP3 のように手刀で切るジェスチャーをしてもよい）
>
> T：st はいくつの音に分けられるかな。op はどうかな。ブロックを１つずつ指差しながら言ってみよう。
>
> S：（/st/ は /s/，/t/。/op/ は /o/，/p/。だから）s-t-o-p。

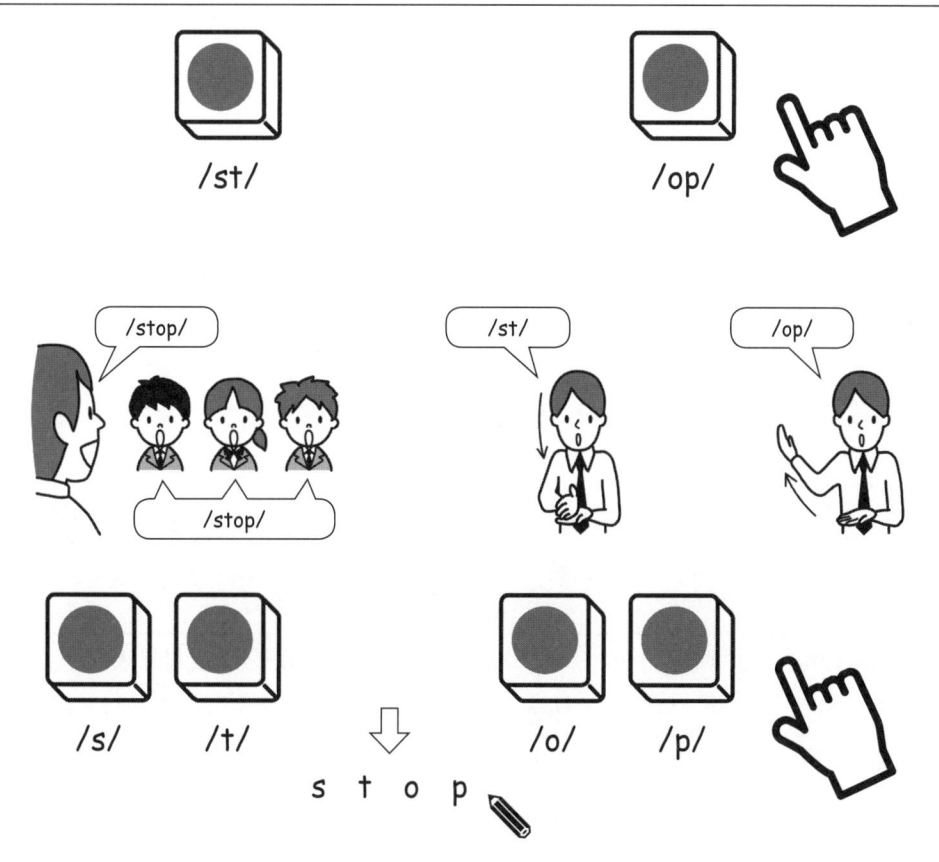

　「３文字はできていたけど連続子音で急につまずく」場合は，音韻操作での混乱が原因であるかもしれません。音声でのブレンディング，セグメンティング練習を増やしましょう。

STEP4　Exercise 指導の手引き

♫ Exercise1・Exercise4・Exercise7　（指導時間の目安1—3分）

①子音が連続する読み方を最初に練習します。指で1つずつ文字を押さえながら，リズムよく音をつなぎます。

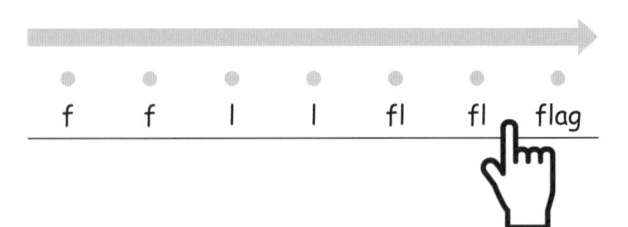

指導上の注意点

● /f/ や /s/ などの子音のあとにできるだけ母音を加えないように注意しましょう。

♫ Exercise2・Exercise5・Exercise8　（指導時間の目安3—5分）

①「音の足し算」（p.64）を参考に，音声だけでオンセットとライムをつなぐ練習を数回行う。（子どもがスムーズにできれば良い）
②1列読み終わったら，つまった・読み間違えた単語に，自分でチェックを入れるよう指示する。

♟ Exercise3・Exercise6　（指導時間の目安3—5分）

　STEP3 の「音の割り算」（p.48—49）を参考に，音声のみで単語をオンセットとライムに分ける練習を数回行ったのち，書き取り練習に進む。
①単語を良く聞いて，各自で音がいくつあるか考えてから書くように促す。
②答え合わせは黒板などで音を1つ1つ示し，視覚的にも確認させる。

Exercise3　指導者読み上げリスト例						Exercise6　指導者読み上げリスト例					
①	flop	⑥	step	⑪	flen	①	drop	⑥	drag	⑪	flop
②	stick	⑦	stock	⑫	clob	②	drum	⑦	drip	⑫	stick
③	clock	⑧	clam	⑬	sten	③	swat	⑧	swiss	⑬	crop
④	click	⑨	clot	⑭	flick	④	flag	⑨	crab	⑭	swim
⑤	flip	⑩	flag	⑮	stuck	⑤	stem	⑩	stand	⑮	drum

※一部に無意味語を含みます。

🔈 Exercise1　指で１つずつ文字を押さえながら，ゆっくり，同じリズムで読みましょう。

f	f	l	l	fl	fl	flag
s	s	t	t	st	st	stop
c	c	l	l	cl	cl	clock

※ ck は２つの文字で１つの音 /k/ になります。

🔈 Exercise2　次の単語が読めたら○，つまった・読み間違えたら × を記入しましょう。

日付	/	/	/	日付	/	/	/	日付	/	/	/
fl・op				st・op				cl・ock			
fl・ag				st・ep				cl・ick			
fl・ip				st・ock				cl・am			
fl・ock				st・ick				cl・ot			

👤 Exercise3　聞こえた単語で音の割り算練習をしてから，書き取りましょう。

日付	/	日付	/	日付	/
①		⑥		⑪	
②		⑦		⑫	
③		⑧		⑬	
④		⑨		⑭	
⑤		⑩		⑮	

[dr], [sw], [cr]　　　　　　　　年　　組 名前（　　　　　　　　　　）

»🔊 Exercise4　　指で１つずつ文字を押さえながら，ゆっくり，同じリズムで読みましょう。

→

●	●	●	●	●	●	●
d	d	r	r	dr	dr	drum
s	s	w	w	sw	sw	swiss
c	c	r	r	cr	cr	crab

※同じ文字が２つ並んでも１回しか読みません。（/s//s/ と２回言う必要はありません。）

»🔊 Exercise5　　次の単語が読めたら○，つまった・読み間違えたら × を記入しましょう。

日付	/	/	/	日付	/	/	/	日付	/	/	/
dr · op				sw · im				cr · ab			
dr · ip				sw · at				cr · ib			
dr · um				Sw · iss				cr · op			
dr · ag				sw · am				cr · am			

👤 Exercise6　　聞こえた単語で音の割り算練習をしてから，書き取りましょう。

日付	/	日付	/	日付	/
①		⑥		⑪	
②		⑦		⑫	
③		⑧		⑬	
④		⑨		⑭	
⑤		⑩		⑮	

[tw]，[fr]，[sn]　　　　　　　年　　組　名前（　　　　　　　　　　　）

🔊 Exercise7　指で１つずつ文字を押さえながら，ゆっくり，同じリズムで読みましょう。

t	t	w	w	tw	tw	twin
f	f	r	r	fr	fr	frog
s	s	n	n	sn	sn	snack

🔊 Exercise8　次の単語が読めたら○，つまった・読み間違えたら × を記入しましょう。

日付	/	/	/	日付	/	/	/	日付	/	/	/
tw · in				fr · om				sn · ap			
tw · ig				fr · ap				sn · ack			
tw · itt				fr · og				sn · iff			
tw · ist				fr · esh				sn · ip			

日付	/	/	/	日付	/	/	/	日付	/	/	/
cl · ock				cr · am				fl · ip			
dr · um				st · op				fr · og			
tw · itt				sw · at				sn · ack			
st · ep				fr · om				cr · ib			

ᵎᵍ Exercise9 （指導時間の目安3ー5分）

ライム部分に子音が重なるパターンの単語を練習します。

①ワークを配布し，日付を記入させる。

②子どもは，リストの単語を上から順に一斉に1列ずつ読んでいく。（オンセット–ライム読み
の必要はありません）

③1列読み終わったら，つまった・読み間違えた単語に，自分でチェックを入れるよう指示す
る。

指導上の注意

● スピードはゆっくりで良いので「正確に」読むよう，文字をしっかり見るよう促します。

● 単語の末尾に母音を加えないよう注意します。（×desku）

ᵎᵍ Exercise10 （指導時間の目安5分）

単語を読み，意味とつなぎます。

①「左の単語を自分で読んでみよう。意味を右から選ぼう」と指示する。

②全員で単語を音声化しながら，答え合わせをする。

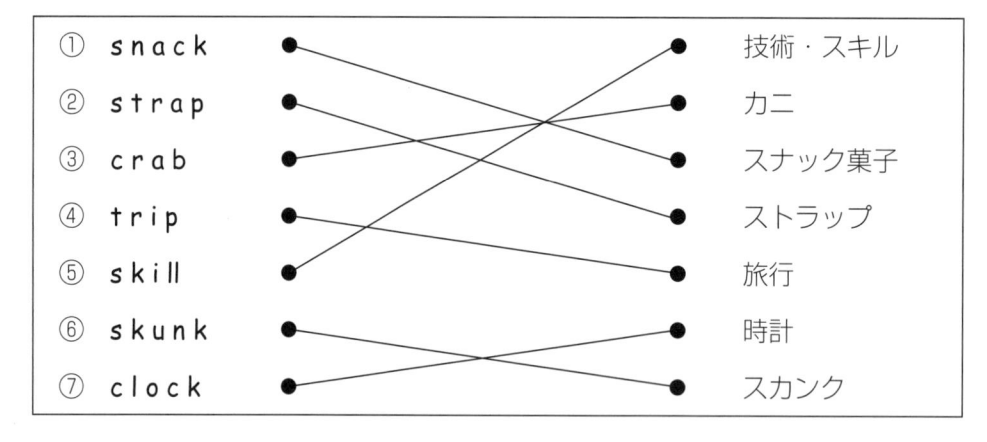

① snack　●　　　●　技術・スキル
② strap　●　　　●　カニ
③ crab　●　　　●　スナック菓子
④ trip　●　　　●　ストラップ
⑤ skill　●　　　●　旅行
⑥ skunk　●　　　●　時計
⑦ clock　●　　　●　スカンク

連続子音を含む単語の定着問題①　年　　組　名前（　　　　　　　　　　）

🔊 Exercise9　下の単語を2つ続けて読みましょう。読めたら○，つまった・読み間違えたら×を記入しましょう。

日付	/	/	/	日付	/	/	/
pas　past				mas　mask			
pin　pink				lef　left			
mil　milk				bes　best			
sil　silk				res　rest			
cos　cost				hel　help			
fron　front				des　desk			
ten　tent				ris　risk			
hel　held				rus　rusk			

👤 Exercise10　意味に合う単語を選んで線で結びましょう。知っているかな？

① snack ●	● 技術・スキル
② strap ●	● カニ
③ crab ●	● スナック菓子
④ trip ●	● ストラップ
⑤ skill ●	● 旅行
⑥ skunk ●	● 時計
⑦ clock ●	● スカンク

«🔈 Exercise11 （指導時間の目安１—３分）

①子音が連続する読み方を最初に練習します。指で１つずつ文字を押さえながら，リズムよく音をつなぎます。

指導上の注意点
● /f/ や /s/ などの子音のあとに母音を加えないように注意しましょう。

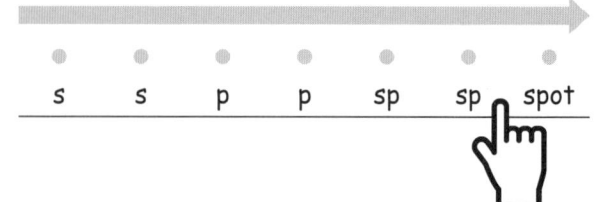

«🔈 Exercise12 （指導時間の目安３—５分）

①「音の足し算」（p.48）を参考に，音声だけでオンセットとライムをつなぐ練習を数回行う。（生徒がスムーズにできれば良い）

右手で **/fl/**　　左手で **/op/**　　両手を合わせて **/flop/**

②１列読み終わったら，つまった・読み間違えた単語に，自分でチェックを入れるよう指示する。

👤 Exercise13 （指導時間の目安３—５分）

① **STEP3** の「音の割り算」（p.48—49）を参考に，音声のみで単語をオンセットとライムに分ける練習を数回行ったのち，書き取り練習に進む。

Exercise13　指導者読み上げリスト例					
①	front	⑥	pink	⑪	held
②	rest	⑦	mask	⑫	skunk
③	spell	⑧	blend	⑬	skip
④	skill	⑨	skin	⑭	spend
⑤	block	⑩	spot	⑮	blank

[sp]，[sk]，[bl]　　　　　年　　組　名前（　　　　　　　　　　　）

🔊 Exercise11　指で１つずつ文字を押さえながら，ゆっくり，同じリズムで読みましょう。

●	●	●	●	●	●	●
s	s	p	p	sp	sp	spot
s	s	k	k	sk	sk	skip
b	b	l	l	bl	bl	black

🔊 Exercise12　次の単語が読めたら○，つまった・読み間違えたら × を記入しましょう。

日付	/	/	/	日付	/	/	/	日付	/	/	/
sp・ot				sk・ip				bl・ack			
sp・ell				sk・ill				bl・ock			
sp・ill				sk・in				bl・ank			
sp・end				sk・unk				bl・end			

👤 Exercise13　聞こえた単語で音の割り算練習をしてから，書き取りましょう。

日付	/	日付	/	日付	/
①		⑥		⑪	
②		⑦		⑫	
③		⑧		⑬	
④		⑨		⑭	
⑤		⑩		⑮	

♫ Exercise14 （指導時間の目安3—5分）

ライム部分に子音が重なるパターンの単語を練習します。

①ワークを配布し，日付を記入させる。

②子どもは，リストの単語を上から順に一斉に1列ずつ読んでいく。（オンセット−ライム読みの必要はありません）

③1列読み終わったら，つまった・読み間違えた単語に，自分でチェックを入れるよう指示する。

指導上の注意

● スピードはゆっくりでいいので「正確に」読むよう，文字をしっかり見るよう促します。

● 単語の末尾に母音を加えないよう注意します。（×desk<u>u</u>）

● 音韻操作に苦手があれば順序の入れ替えなどの誤りをします。誤り傾向を確認し，読み練習前の音韻操作練習の時間を増やしましょう。

♟ Exercise15 （指導時間の目安5—7分）

①予め黒板などに○を4つかいておく。「これから聞こえる単語の先頭の1音を引くと，どんな単語になるでしょうか。よく聞いて単語を書き取りましょう」といいながら，一番最初の○に斜線をかく。

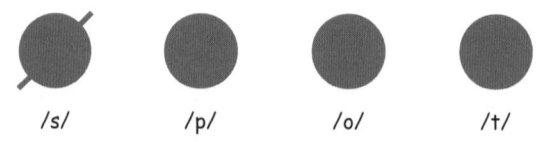

②例題を全員で練習をする。「/s/ を引くとどうなるでしょうか。よく聞いて下さい。/spot/，/spot/」

③子どもは②を聞いて，指示された音を抜いた単語を書く（s を引くので正答は pot）。

④答え合わせをする。

問題　指導者読み上げリスト例	答え
例：spot から /s/ を引くと？	pot
① flip から /f/ を引くと？	lip
② craft から /c/ を引くと？	raft
③ block から /b/ を引くと？	lock　（＊ lok, loc でも可）
④ stop から /s/ を引くと？	top
⑤ mask から /m/ を引くと？	ask

連続子音を含む単語の定着問題②　　年　　組　名前（　　　　　　　　）

🔊 Exercise14　次の単語を２つ続けて読みましょう。読めたら○，つまった・読み間違えたら×を記入しましょう。

	日付	/	/	/		日付	/	/	/
pom	pomp				gif	gift			
cam	camp				fron	front			
cram	cramp				spen	spent			
pas	past				fil	film			
tes	test				lum	lump			
lef	left				cam	camp			
sof	soft				lam	lamp			
craf	craft				spen	spend			

👤 Exercise15　聞こえた単語から，最初の音だけを引き，書き取りましょう。

例：/spot/ から /s/ を引くと？

|spot| − s　 = ?　　　　　　　　pot
_____

① ? − f　 =　　　　　　　　_____

② ? − c/k = 　　　　　　　_____

③ ? − b　 =　　　　　　　_____

④ ? − s　 =　　　　　　　_____

⑤ ? − m　 =　　　　　　　_____

✍🎧 Exercise16・Exercise19 （指導時間の目安１―３分）

Exercise19 では，連続する子音が３つ以上の語に挑戦します。

指導上の注意点

●これらの単語は１音節，１拍でカウントする単語です。文字（音）が増えても，１拍のリズムで読むように指示しましょう。

✍🎧 Exercise17・Exercise20・Exercise22 （指導時間の目安３―５分）

１列読み終わったら，つまった・読み間違えた単語に，自分でチェックを入れるよう指示する。

👤 Exercise18・Exercise21・Exercise23 （指導時間の目安５―７分）

STEP3 の「音の割り算」（p.48―49）を参考に，音声のみで単語をオンセットとライムに分ける練習を数回行ったのち，書き取り練習に進む。

Exercise18　指導者読み上げリスト例						Exercise21　指導者読み上げリスト例					
①	trap	⑥	plan	⑪	trunk	①	split	⑥	splint	⑪	spit
②	brass	⑦	brand	⑫	brick	②	strap	⑦	stress	⑫	strip
③	pluck	⑧	tram	⑬	trip	③	scrap	⑧	scrub	⑬	script
④	plot	⑨	brisk	⑭	pluck	④	brisk	⑨	plot	⑭	brand
⑤	trip	⑩	plant	⑮	plot	⑤	trap	⑩	trip	⑮	flag

Exercise23　指導者読み上げリスト例					
①	crop	⑥	stamp	⑪	scrub
②	catch	⑦	scratch	⑫	split
③	swam	⑧	help	⑬	past
④	skin	⑨	trick	⑭	lump
⑤	stem	⑩	trump	⑮	spend

指導上の注意点

●文字数が多くなるにつれて間違いが増える場合は「音の数」が正しいかどうか（ちゃんと分解できているか）を確認し，「音の足し算」「音の割り算」をもう少し練習しましょう。

[pl]，[tr]，[br]
年　組　名前（　　　　　　　　）

🔊 Exercise16　指で１つずつ文字を押さえながら，ゆっくり，同じリズムで読みましょう。

●	●	●	●	●	●	●
p	p	l	l	pl	pl	plant
t	t	r	r	tr	tr	truck
b	b	r	r	br	br	brick

🔊 Exercise17　次の単語が読めたら○，つまった・読み間違えたら × を記入しましょう。

日付	/	/	/	日付	/	/	/	日付	/	/	/
pl・an				tr・uck				br・ass			
pl・ant				tr・ap				br・and			
pl・uck				tr・am				br・ick			
pl・ot				tr・ip				br・isk			

👤 Exercise18　聞こえた単語を，音の割り算練習をしてから書き取りましょう。

日付	/	日付	/	日付	/
①		⑥		⑪	
②		⑦		⑫	
③		⑧		⑬	
④		⑨		⑭	
⑤		⑩		⑮	

[spl]，[str]，[scr]　　　年　　組　名前（　　　　　　　　　）

s	s	p	p	l	l	spl	spl	splash
s	s	t	t	r	r	str	str	strap
s	s	c	c	r	r	scr	scr	scrap

◖🔊 Exercise20　次の単語が読めたら○，つまった・読み間違えたら × を記入しましょう。

日付	/	/	/	日付	/	/	/	日付	/	/	/
spl · it				str · ap				scr · ap			
spl · ash				str · ict				scr · am			
spl · em				str · ess				scr · ipt			
spl · id				str · ip				scr · ub			

👤 Exercise21　聞こえた単語を，音の割り算練習をしてから書き取りましょう。

日付	/	日付	/	日付	/
①		⑥		⑪	
②		⑦		⑫	
③		⑧		⑬	
④		⑨		⑭	
⑤		⑩		⑮	

連続子音を含む単語の総合問題　　年　　組　名前（　　　　　　　　　　）

🔊 Exercise22　次の単語が読めたら○，つまった・読み間違えたら × を記入しましょう。

日付	/	/	/	日付	/	/	/
catch				swam			
crop				skin			
glad				drop			
gift				strap			
help				drink			
trick				spend			
task				front			
belt				stem			
stamp				trump			

👤 Exercise23　聞こえた単語を書き取りましょう。

日付	/	日付	/	日付	/
①		⑥		⑪	
②		⑦		⑫	
③		⑧		⑬	
④		⑨		⑭	
⑤		⑩		⑮	

STEP UP！ゲーム① BINGO（指導時間の目安10―15分）

①子ども１人に１枚「BINGOシート」を配布する。

② BINGOシートの上部にある12個の単語を，空白部分に（ランダムに）記入するよう指示する。

③空白マスに全員が記入したことを確認し，先生が単語を読み上げていく。その際，読んだ単語は黒板に書く。

④先生は最後４つのみを残して単語をすべて言う。（合計８個）

⑤子どもは，「タテ，ヨコ，ナナメで，いくつBINGOができたか」を競う。

BINGO 単語

truck, glad, duck, scrub, plan, send, skin, trick, front, spot, clock, flag

---

STEP UP！ゲーム② ブレンディングゲーム（指導時間の目安10―15分）

　オンセットとライム部分を組み合わせ，読んでみよう！カードAの単語ができれば，そのカードをゲット。

①グループごとにカードA・B・Cを１セットずつ配布する。（カードは予め厚紙に印刷して切っておく）

②色なしのカードBと，色つきのカードCは裏返して，それぞれバラバラにしておく。（神経衰弱のように広げておく）カードAは絵が見えるように表を向けて並べておく。

③１人ずつ順番に，裏返しのカードBとカードCを１枚ずつ引き，表にして単語を作る。（例：**st** + **ip** = **stip**）意味がなくてもよいので読む。

④読んだカードがカードAと同じなら，カードAをゲットできる。

⑤もし，カードAにない組み合わせの場合，また裏返してもとの場所に戻す。

⑥カードAがなくまるまで続ける。

⑦カードAを一番多く取った人の勝ち。

BINGO

実施日 　月 　日 　　　　年 　組 名前（ 　　　　　　　　）

次の単語を，下のシートの空白の部分に書こう。順序はばらばらにしよう。

truck, glad, duck, scrub, plan, send
skin, trick, front, spot, clock, flag

post		split		stamp
	frog		crop	
brand		★ FREE!		spell
	help		past	
golf		pluck		drink

ブレンディングゲーム

　カードBとカードCを裏返して広げる。カードBとカードCを1枚ずつ引いて，単語を作って読む。読んだカードはまた戻す。作った単語が，カードAにある単語なら，そのカードがもらえる。例：fr ＋ og ＝ frog（frog カードがもらえる）

カードA

frog	swim	stem	flag	clock
twin	trip	skunk	crop	smell

カードB　　　　　　　　　　　　　　カードC

fl	cr	sk	str	og	em	unk	ug
st	tw	bl	scr	in	op	up	at
cl	fr	tr	spl	ip	en	on	up
dr	sn	br	sm	im	ock	ag	at
sw	sp	pl	sk	ell	ick	ill	eck

＊各カードは拡大コピーして使用して下さい。

STEP4 到達度チェックテスト

● テストの目的

　連続子音を含む単語のチェックテストでは，母音にアクセントがきちんとおけているかどうか，ローマ字読みになっていないか（子音と子音の間に母音が入っていないか）がポイントになります。　※無意味語単語と有意味語単語の両方を使っています。

● 所要時間

　7〜10分程度

● 読みチェックテスト（個別実施）

　問題10問を順番に「2回ずつ」読むように指示する。もし言い間違えたと思ったときは，何度言い直しても良い。（①から⑤は有意味語，⑥から⑩は無意味語または生徒に不慣れな語）

● 書き取りチェックテスト（一斉実施可）

　問題を先生が読み上げ，子どもに書き取るよう指示する。問題は2回繰り返す。自分で発音する代わりに，アプリ（p.125）などを用いてネイティブの音声を聞かせても良い。（①から⑥は有意味語，⑦から⑩は無意味語）

読み上げ課題

① snap　② flip　③ spit　④ trap　⑤ dust　⑥ crog（krog も可）　⑦ stimp

⑧ clist　⑨ strend　⑩ scrapt

● 評価の基準

①正しく読み書きができているか（正確さ）

②素早く読めているか，考え込んだりしていないか（スピードは一定か）

③母音の発音を区別できているか，どの音／文字が弱いか（母音）

● 指導上の注意点

　ローマ字のように不要な母音が加わっている場合は，音韻認識がうまくできていない可能性が考えられます。音の足し算，割り算練習から振り返ってください。STEP3 同様，類似の音の誤りが継続する子どもが必ずいます。「大丈夫。これは大した間違いじゃない。ちゃんと発音できていればいいよ」と伝え，「口の形」「舌の動き」等から練習をしましょう。

STEP 4　到達度チェックテスト

実施日　　月　　日　　　　　　年　　組　名前（　　　　　　　　　　　）

🔊 下の単語を２回ずつ読みましょう。

①	blend	⑥	pand
②	plan	⑦	clot
③	drop	⑧	splend
④	swag	⑨	twink
⑤	twist	⑩	trem

合計　　点

👤 聞こえた単語を書き取りましょう

①		⑥	
②		⑦	
③		⑧	
④		⑨	
⑤		⑩	

合計　　点

STEP5
ダイグラフを含む単語

[指導のねらい]
　２文字，３文字で１音をあらわす組み合わせを知り，読める・書けるようになる。

[STEP5で扱うダイグラフ（digraph）]

sh	ch	tch
ship	chick	pitch
th	th	wh
think	this	whale
ph	ng	
graph	sing	

※ tch は３文字で１音のトリグラフ（trigraph）

ダイグラフを含む単語　読み書き指導のポイント

　ここまで，基本的に1文字で1音に対応する単語を読んできましたが，ダイグラフでは，2文字で1音となるため，視覚的な混乱や文字と音対応の誤りが多くなります。まずは視覚的に2文字を1かたまり（セット）として捉える練習からはじめ，次に音声に対応させ，単語の読みへとつなぎます。

■ 音の足し算・割り算練習

　ここまでで，ずいぶん単語の読みは素早くできるようになったでしょう。しかし，まだ書き取りでの間違いが多い生徒がいるのではないでしょうか。「すんなり読めるけれど書き取りが間違う」場合，「音から文字」の対応が定着していないことが考えられます。書き取りの基礎は「音の割り算」操作ですが，それがすんなりできなければ，「音の足し算」操作の量を増やすことが必要です。前のステップなどの単語を使うのも良いでしょう。文字操作がうまくいくようになれば，読み・書きもスムーズになっていきます。

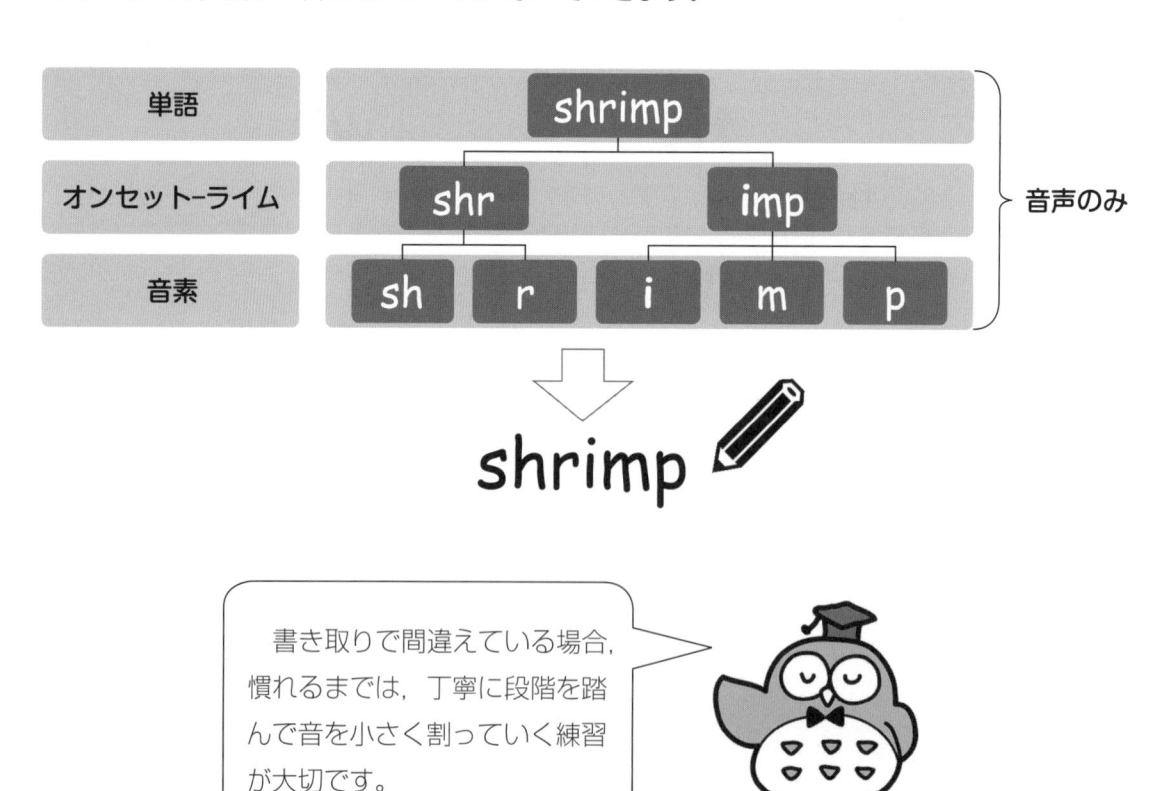

■ 読み練習

STEP5で扱う単語は，すべて単音節です。単語を読む際は，1拍で読むようにリズムを意識して読みましょう。

発音に慣れていなければ，それだけを取り出して練習をしましょう。特に /th/ は発音そのものが難しいため時間をかけてください。

視覚的混乱を避けるため，Exercise のはじめのほうはダイグラフを網掛けにしていますが，徐々に減らしています。しかし，誤りが継続するようなら，課題を読む前にダイグラフに赤鉛筆で下線を引かせるのも良いでしょう。

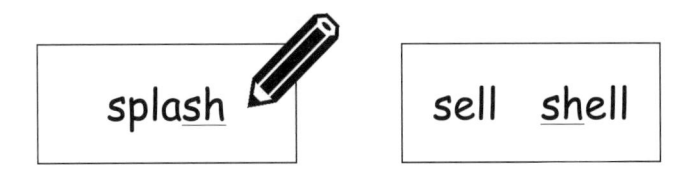

■ 書き取り練習

本書では「音から文字」は単語の暗記ではなく聞こえたままを文字にし，それが正しければ正解です。例えば，pitch と書かせたいところを，pich と書いても，tch と ch は同じ音であると教えていれば，間違いではありません。同じく，chick を chik と書いても誤りではありません。子どもは，試行錯誤によって音を文字と対応させながら学ぶため，未習の規則の使用を子どもに期待してはいけません。ただし，意味と関連させる際は，ヒヨコは chick で，他のスペルは間違いになりますね。

文字の操作にフォーカスするこの段階では，文字と音の対応ができれば十分です。ですがそれが既に学校で習った単語で，意味も知っているはずなら「この単語はヒヨコという意味で，/chick/ は ck になるよ」と一言そえて，教えましょう。

STEP5 Exercise 指導の手引き

📣 Exercise1・Exercise3・Exercise5 （指導時間の目安3―5分）

①ターゲットのダイグラフを黒板に書き，口の形や音を確認する。
②指導者は文字を見せずに Exercise からいくつか単語を選び，「音の足し算」練習を数回行う。
③ワークを配布し，日付を記入させる。
④ Exercise の単語を順に，オンセット–ライムの単位で読んでいく。
⑤つまった，読み間違えた単語に，自分でチェックを入れるよう指示する。

指導上の注意点

● /f/ や /s/ などの子音のあとに母音を加えないように注意しましょう。
● Exercise1 と 3 の一番右の行の語は，連続子音も用いているため少し難しくなっています。読み誤りが続けば，一度ワークを見せずにオンセット–ライムの「音の足し算」を練習し，あらためて右の行だけ読む練習をしましょう。
●連続子音の子音と子音の間に母音を入れないようにしましょう。（例：tr を turu としない）
●ダイグラフ練習は，その場ではできているように見えても，すぐに忘れてしまい，文字の操作で躓くことが多くなります。子どもの様子を見ながら，同じ Exercise の読み練習を数日空けて繰り返すと良いでしょう。

📣 Exercise2・Exercise4・Exercise6 （指導時間の目安3―5分）

視覚的な読み誤りへの注意を促す練習です。
①ワークに日付を記入するよう指示する。
②上から順に，2つの単語を連続して読んでいく。（オンセット–ライム読みの必要はなし）
※一部で無意味語を使用しています。

指導上の注意点

●単語を読む際には，全体的に捉えるだけではなく細部への注意も必要です。そのため，わざと視覚的に類似の単語を並べています。これまで習った知識を活用しつつ，混乱しやすい組み合わせの単語でも落ち着いて見て，正しく音声化することを心がけるよう促しましょう。
● Exercise6 のリストの単語はすべて有意味語です。「この単語の場合は [ð] と発音するよ」と教えましょう。

sh

sh は ［ʃ］ の音です。

《🔊 Exercise1　　次の単語が読めたら○，つまった・読み間違えたら × を記入しましょう。
　　　　　　　　　母音にアクセントをしっかり置きましょう。

日付	/	/	/	日付	/	/	/	日付	/	/	/
sh ell				d ish				tr ash			
sh op				f ish				br ush			
sh ut				r ush				sm ash			
sh ip				w ish				spl ash			
sh ock				l ash				cr ush			

《🔊 Exercise2　　2つの単語が並んでいます。ゆっくり正確に読みましょう。
　　　　　　　　　読めたら○，つまった・読み間違えたら×を記入しましょう。

日付	/	/	/	日付	/	/	/
sell　　shell				tosh　　post			
shock　socks				dish　　disc			
sham　　Sam				miss　　mish			
sips　　ships				past　　splash			
boss　　bosh				hop　　shop			

年　　組　名前（　　　　　　　　　　　）

ch，tch

ch は tch とともに ［tʃ］ の音です。

🔊 Exercise3　　次の単語が読めたら○，つまった・読み間違えたら × を記入しましょう。
　　　　　　　　　母音にアクセントをしっかり置きましょう。

日付	/	/	/	日付	/	/	/	日付	/	/	/
ch eck				m uch				sw itch			
ch ops				p atch				cr unch			
ch at				p itch				scr atch			
ch ips				st itch				b unch			
ch ick				s uch				c atch			

🔊 Exercise4　　2つの単語が並んでいます。ゆっくり正確に読みましょう。
　　　　　　　　　読めたら○，つまった・読み間違えたら×を記入しましょう。

日付	/	/	/	日付	/	/	/
chess　jest				chimp　shrimp			
mug　chop				pitch　stitch			
chip　zip				patch　prat			
chick　tick				chest　shack			
cat　catch				much　bunch			

　　　　　　　　　　年　　組　名前（　　　　　　　　　）

th

th には，thin の〔θ〕，this の〔ð〕の2つの発音があります。

🔈 **Exercise5**　次の単語が読めたら○，つまった・読み間違えたら × を記入しましょう。
　　　　　　　　母音にアクセントをしっかり置きましょう。

日付 〔θ〕	/	/	/	日付 〔θ〕	/	/	/	日付 〔ð〕	/	/	/
th in				p ath				th at			
th ink				m ath				th is			
th ank				b ath				th en			
th ick				m oth				w ith			
thr ill				cl oth				th ey			

🔈 **Exercise6**　2つの単語が並んでいます。ゆっくり正確に読みましょう。
　　　　　　　　読めたら○，つまった・読み間違えたら×を記入しましょう。

日付	/	/	/	日付	/	/	/
with　　wish				path　　pass			
thick　　check				moth　　moss			
socks　　cloth				think　　sink			
thrill　　trill				then　　dent			

🏃 Exercise7 （指導時間の目安　8－10分）

　音の割り算をしっかりできるよう，p.86を参考にしながら音の割り算練習から，文字につなげる練習をします。

> T：良く聞いて，次の単語を2つに分けましょう。/shrimp/, /shrimp/.
>
> S：/shr/, /imp/
>
> T：/shr/ をさらに分けると（もっと小さくすると）？
>
> S：/sh/, /r/
>
> T：/imp/ をさらに分けると（もっと小さくすると）？
>
> S：/i/, /m/, /p/.

①全員で一斉にリストの単語を音声化する。

②「1文字ずつ音にしながら書きましょう」と指示し，各自2回ずつ書く。

指導上の注意点

● この Exercise の読み上げリストは，コピーして子どもに渡すことでより多くの単語を練習したり，書き練習課題を宿題用に用いることができます。下記の問題（3パターン）以外でも，苦手そうな単語を練習すると良いでしょう。

Exercise7　指導者読み上げリスト例

パターン①		パターン②		パターン③	
①	shop	①	shut	①	crush
②	dish	②	trash	②	splash
③	smash	③	shell	③	shock
④	chat	④	much	④	check
⑤	chips	⑤	pitch	⑤	patch
⑥	such	⑥	stitch	⑥	switch
⑦	thin	⑦	thank	⑦	think
⑧	thick	⑧	path	⑧	thrill
⑨	with	⑨	that	⑨	cloth
⑩	then	⑩	moth	⑩	they

ダイグラフを含む単語の書き取り

👤 Exercise7　単語を書き取るとき，一度に書く自信がなければ，音の割り算をして「だんだん小さく」分けていく方法を試しましょう。

	shrimp				
	shr			imp	
sh	r		i	m	p

「音の割り算」で
小さくしてから，
最後に文字につな
げよう。

聞こえた単語を左の列に書き取り，2回ずつ練習しましょう。

例	例：shell	shell	shell
①			
②			
③			
④			
⑤			
⑥			
⑦			
⑧			
⑨			
⑩			

✍🎵 Exercise8・Exercise10　（指導時間の目安3―5分）

①ターゲットのダイグラフを黒板に書き，口の形や音を確認する。

②指導者は文字を見せずに Exercise からいくつか単語を選び，「音の足し算」練習を数回行う。

③ワークを配布し，日付を記入させる。

④ Exercise を順に読んでいく。なるべくオンセット–ライムの単位で読み，母音にアクセントを置くよう指示する。

指導上の注意点

● 子音のあとに母音を加えないように注意しましょう。

● 一番右の行の語は，連続子音も含むため難しくなっています。読み誤りが続けば，一度ワークを見せずにオンセット–ライムの「音の足し算」を練習し，改めて右の行だけ読む練習をしましょう。

● wh，ph は，読み練習用に無意味語を多く使っています。

✍🎵 Exercise9・Exercise11　（指導時間の目安3―5分）

　視覚的な読み誤りへの注意を促す練習です。

①ワークに日付を記入するよう指示する。

②上から順に，2つの単語を連続して読んでいく。（オンセット–ライム読みの必要はなし）

👤 Exercise13　（指導時間の目安4―5分）

　wh と ph の書き取り練習です。

①「下線部は wh か ph が入ります」と述べ，問題を読んでいく。

②生徒は下線部にあたるダイグラフを記入する。

③答え合わせをする。

Exercise13　指導者読み上げリスト例		
1	whisk	（泡立て器）
2	whistle	（笛）
3	graph	（グラフ）
4	wheel	（車輪，輪）
5	alphabet	（アルファベット）
6	dolphin	（イルカ）

年　組　名前（　　　　　　　　　）

wh，ph

wh は，[hw]，ph は [f] の音です。

🔊 Exercise8　　次の単語が読めたら○，つまった・読み間違えたら × を記入しましょう。

日付	/	/	/	日付	/	/	/	日付	/	/	/
wh it				wh ip				ph imp			
wh at				ph ob				bl aph			
wh ap				ph ep				tr eph			
wh en				ph lip				sw iph			

🔊 Exercise9　　次の単語が読めたら○，つまった・読み間違えたら × を記入しましょう。
しっかり口を動かしながら，ゆっくりと読みましょう。

日付	/	/	/	日付	/	/	/
with　　whip				whisk　　risk			
which　　hitch				graph　　trash			
what　　shat				when　　then			
slip　　whip				what　　phish			
phan　　pan				dash　　Phil			

ng

ng は，[ŋ] の音です。舌はどこにもつけず，「ほんや」の「ん」のような位置です。

◖🔊 Exercise10　次の単語が読めたら○，つまった・読み間違えたら × を記入しましょう。

日付	/	/	/	日付	/	/	/	日付	/	/	/
s ing				w ing				th ing			
br ing				sw ing				l ung			
r ing				w ing				b ang			
sl ing				spr ing				h ang			

◖🔊 Exercise11　次の単語が読めたら○，つまった・読み間違えたら × を記入しましょう。
　　　　　　しっかり口を動かしながら，ゆっくりと読みましょう。

日付	/	/	/	日付	/	/	/
sin　sing				flun　flung			
san　sang				bun　bung			
fan　fang				son　song			
lon　long				brin　bring			
kin　king				han　hang			

ダイグラフを含む単語の定着問題①

🔊 Exercise12　次の単語が読めたら○，つまった・読み間違えたら × を記入しましょう。

日付	/	/	/	日付	/	/	/	日付	/	/	/
shell				ring				what			
shop				wish				math			
shut				thick				with			
wish				check				cloth			
lash				socks				which			
tosh				cloth				hitch			
scratch				flung				thing			

👤 Exercise13　単語をよく聞いて，下線の部分に wh か ph を記入しましょう。

1		_____isk
2		_____istle
3		gra_____
4		_____eel
5		al_____abet
6		dol_____in

🔊 Exercise14 （指導時間の目安3—5分）

①ワークを配布し，日付を記入させる。

② Exercise を順に読んでいく。なるべくオンセット−ライムの単位で読み，母音にアクセントを置くよう指示する。

指導上の注意点

●これまでと同じ要領で読んでいきますが，これまでのように，オンセットとライムの間に間隔をあける配慮はしていません。これでスムーズに読めれば STEP5 は合格です。

●読む際にたどたどしくなったり，ローマ字読みになったりする場合は，「頭の中で音の足し算をする」ようアドバイスしても良いです。特に音韻操作がスムーズにできている場合は，こうした段階を経ることが大切になります。

👤 Exercise15 （指導時間の目安3—5分）

単語を作るゲームです。

①「Aの列とBの列をつないで，日本語に合う単語を作りましょう」と説明し，各自で取り組ませる。

②答え合わせをする。

答え：scr-atch—ひっかき傷，k-ing—王様，wh-at—何／何か，cl-oth—布，
br-ush—ブラシ，thr-ill—スリル

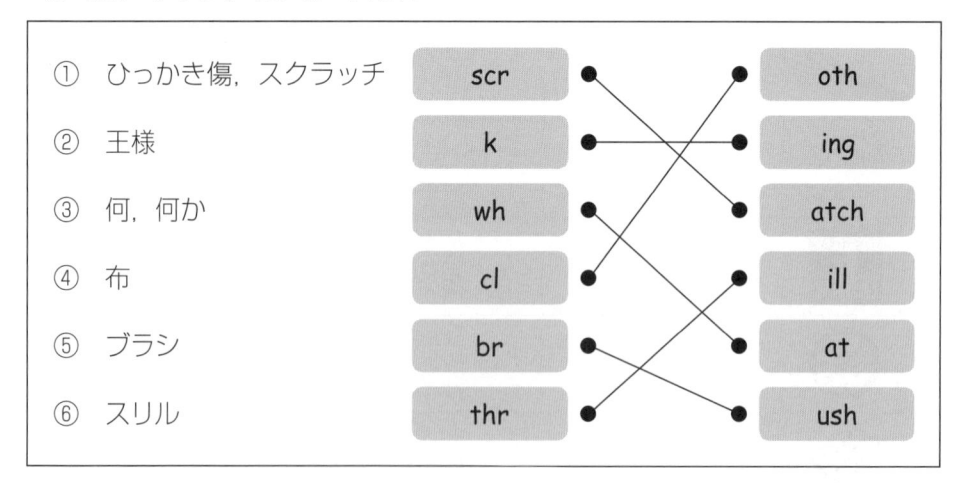

ダイグラフを含む単語の定着問題②

年　　組　名前（　　　　　　　　　　　　）

✎⦂ Exercise14 次の単語が読めたら○，つまった・読み間違えたら × を記入しましょう。
母音にしっかりアクセントを置きながら読みましょう。

日付	/	/	/	日付	/	/	/	日付	/	/	/
bunch				king				lung			
catch				past				smash			
that				splash				with			
this				much				hang			
then				chest				sing			
with				shock				thrill			
they				path				chess			

✎⦂ Exercise15 単語の前と後ろを線で結び，日本語の意味に合う単語を作り，線でつなぎましょう。

	A		B
① ひっかき傷，スクラッチ	scr ●	●	oth
② 王様	k ●	●	ing
③ 何，何か	wh ●	●	atch
④ 布	cl ●	●	ill
⑤ ブラシ	br ●	●	at
⑥ スリル	thr ●	●	ush

STEP UP！ゲーム① Four in a Row

用意するもの：

　2色のチップそれぞれ10枚ずつ。なければ1人が○，1人が×印をつけることにする。（○×ゲームと同じ要領です）

ルール：

①ゲームは2人ペアで行う。

②じゃんけんをして，勝った方がボードから単語を1つ選んで読む。

③自分が読んだ（あるいは相手が読んだ）単語にはチップを置いていく。あるいは，1人が読んだ単語に○，もう1人が読んだ単語には×をつけていく。

④先に連続して4つのたてよこ斜めのいずれかにチップが並んだ方が勝ち。

⑤相手のマスを良く見て4つ並ぶのを阻止しましょう。

> 黒が4つ並んだ！

	flush	cloth	much	smash	song
●	●	○	what	chips	thing
●	then	wing	which	math	switch
●	chess	moth	splash	whisk	bunch
○	○	graph	○	with	spring
whip	shock	bring	stitch	graph	shop

STEP UP！ゲーム② ポイント制すごろく

用意するもの：

　サイコロ，マスに置く目印になるもの，各自のスコア表（メモ）

ルール：

①ゲームは2名以上で行う。各自，スタートに目印を置く。

②マスによって，3点〜1点と配点が異なることを確認する。

③順番にサイコロを振って，出た目の数だけ好きな方向に進む。

④止まったマスの単語が読めたら，そのマスのポイントをスコア表にメモしておく。逆戻りは不可。

⑤得点合計の多い人が勝ち。

指導上の注意点

　ゴールがないので，先生が時間を決めて終了です。

Four in a Row

実施日　　月　　日　　　　　　年　　組　名前（　　　　　　　　　　）

順番に単語を読み，読んだ単語にチップを置いていきます。先に４つのチップをたてよこ斜めのいずれかに並べた方が勝ちです。

check	flush	cloth	much	smash	song
dish	thin	shell	what	chips	thing
when	then	wing	which	math	switch
brush	chess	moth	splash	whisk	bunch
thick	sing	graph	fish	with	spring
whip	shock	bring	stitch	graph	shop

ポイント制すごろく

実施日　　月　　日　　　　　　　年　　組　名前（　　　　　　　　　　　）

　サイコロを振って，その数だけ好きな方向に前進できます。逆走はできません。止まったマスの単語を読み，ポイントを足していきましょう。

白＝1point	網掛け＝2point	グレー＝3point

START split spin grand wish flag flip block
pond hang hop
belt spend scratch bunch stem clock bring
milk sing spring
math shell crunch
ship skin camp
fish fog swin trip send drop
fast wish trick drum chips clip
strap pin slang
they silk trip song
chest twin prat
scrap left cost pitch stick whisk risk strip

STEP5 到達度チェックテスト

● テストの目的

　ダイグラフを含む単語のチェックテストでは，母音にアクセントがきちんとおけているかどうか，ローマ字読みになっていないか（子音と子音の間に母音が入っていないか）がポイントになります。　※無意味語単語と有意味語単語の両方を使っています。

● 所要時間

　7〜10分程度

● 読みチェックテスト（個別実施）

　問題10問を順番に「2回ずつ」読むように指示する。もし言い間違えたと思ったときは，何度言い直しても良い。（①から⑤は有意味語，⑥から⑩は無意味語）

● 書き取りチェックテスト（一斉実施可）

　問題を先生が読み上げ，子どもに書き取るよう指示する。問題は2回繰り返す。自分で発音する代わりに，アプリ（p.125）などを用いてネイティブの音声を聞かせても良い。（①から⑤は有意味語，⑥から⑩は無意味語）

読み上げ課題

① ship，② moth，③ graph（graf でも可），④ bunch，⑤ then，⑥ sleng，

⑦ cheps，⑧ sush，⑨ spitch（spich でも可），⑩ thet（n の音で）

● 評価の基準

　下記のポイントなどを生徒の評価表にメモをしておきましょう。

①正しく読み書きができているか（正確さ）

②素早く読めているか，考え込んだりしていないか（スピードは一定か）

③母音の発音を区別できているか，どの音／文字が弱いか（母音）

● 指導上の注意点

　th と s，l と r などの類似する音の聞き分け，言い分けで間違えた場合は，発音を訂正していくことが一番近道です。実際，会話の中でそれらの誤りは大した間違いとは感じられませんので，「大丈夫」と伝えながら，「ゆっくり，はっきり言う」ことを心がけるよう指導します。

STEP5　到達度チェックテスト

実施日　　月　　日　　　　　　　年　　組　名前（　　　　　　　　　　）

下の単語を2回ずつ読みましょう。

①	chops	⑥	phill
②	then	⑦	chen
③	graph	⑧	spitch
④	flash	⑨	whag
⑤	shaft	⑩	sprong

合計　　点

聞こえた単語を書き取りましょう

①		⑥	
②		⑦	
③		⑧	
④		⑨	
⑤		⑩	

合計　　点

STEP6
マジック e を含む単語

[指導のねらい]

マジック e（イー）を含む単語が読める・書けるようになる。

[STEP6で扱うマジック e]

マジック e はサイレント e とも呼ばれ，それ自体は発音しない e の文字で，単語の終わりに位置します。マジック e では，その前の母音が名前読みに変わります。

例えば，mad の終わりに e がつくと made となり，mad の［æ］の音が made では［ei］になります。

例：pin（［pin］）＋ e ＝ pine（［pain］）

「単語の終わりに e がついたらその前の母音が名前読みになるよ」というルールは簡単なのですが，定着はそう簡単にはいかず，頭でわかっていてもなかなかスムーズに切り替えられない子どももいます。

本書では，

①母音を視覚的に素早く認識するステップ

② Name（名前読み）と Sound（音読み）の区別が素早くできるようになるステップ

③単語の読み練習

へと段階的に進めます。

マジック e を含む単語　読み書き指導のポイント

　アルファベットの名前読みと音読みをさっと切り替えられるように練習します。

　ここから，名前読みと音読みで混乱するだけでなく，これまで e を /e/ と読むことに慣れていた生徒が急に /i/ と読むなど，名前読みに引きずられるような誤りが急に増えるかもしれません。ですがこうした誤りは学習上での自然な過程で徐々に減少します。Exercise が進んでも，Exercise2 の図は毎回さっと復習に使うと良いでしょう。

◆ 読み練習　Exercise1　（指導時間の目安3―5分）

　母音を素早く認識する練習です。

① 「母音だけに○をしていきましょう」と，母音に○をつけるよう指示する。

② 1行ずつ「いくつ母音があったかな」と確認する。

答え

　　1行目―5つ，2行目―8つ，3行目―4つ，4行目―5つ

◆ 読み練習　Exercise2　（指導時間の目安3―5分）

① 黒板に i, a, o, u；i＋e, a＋e, o＋e, u＋e を書く。（p.107の Exercise2 参照）

② 「終わりに e がついている単語は，その前の母音が "名前読み" になる」と説明する。

③ アルファベットをランダムに指差しながら，最初は音読みだけ，次は名前読みだけを読み練習する。

④ ③ができるようになったら，音読みと名前読みをランダムに指差しながら，全員で読ませる。

⑤ ワークシートを見ながら，ペアで名前読みと音読み練習をする。（相手が指さした文字を読む）

指導上の注意点

● 名前読みの a, i, o は［ei］［ai］［ou］の二重母音です。二重母音には強弱があり，後ろの母音は弱く発音します。日本人は二重母音を「えー」「おー」と単調に長く伸ばしてしまいがちですので，しっかりと素早く発音しましょう。

● 本書では，e のマジック e は数が少ないことから課題に加えていませんが，生徒から質問があった場合，「e-e は /iː/ と読む」と説明して下さい。（例語：Pete, Steve, eve）

すばやく母音を見つけよう

◁🔊 Exercise1　文字列の中からすばやく母音だけを見つけ，丸をつけましょう。

spbidainghelmosd

eoindentupinena

gnuppindeslosh

pinedgnotinbeck

◁🔊 Exercise2　母音の音読みと名前読みを確認しましょう。確認できたら，ペアで指差し合いながら，すばやく読みましょう。

（音読み＝ a は /a/，名前読み＝ a は /ei/）

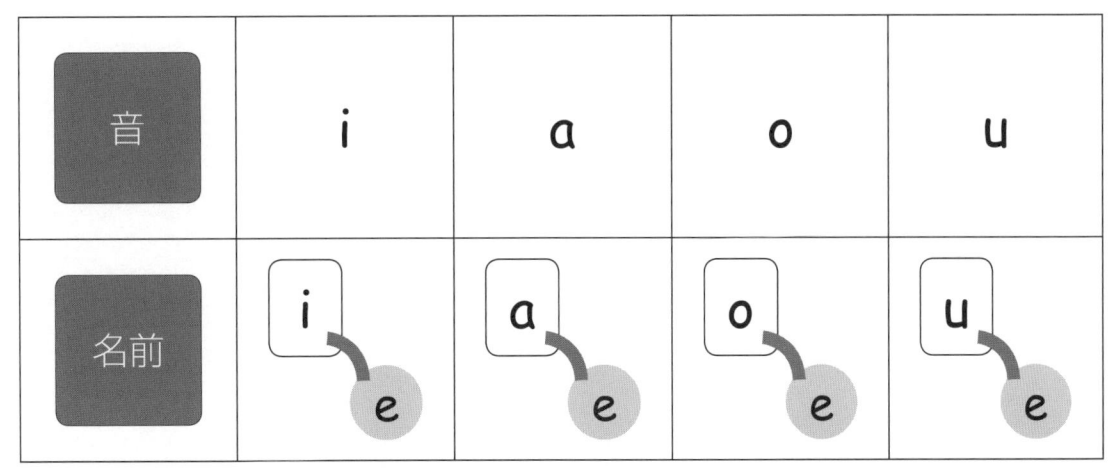

音	i	a	o	u
名前	i e	a e	o e	u e

◗ Exercise3 （指導時間の目安5－8分）

①簡単に Exercise2 を復習する。

②ワークを配布し，日付を記入させ，順に読んでいく。

③つまった・読み間違えた単語に，自分でチェックを入れるよう指示する。

個 別 指 導：教員がチェックをする。

ペアワーク：用紙を交換し，1列ずつ交代しながら読む。相手が読めていれば，相手の用紙に
　　　　　　　チェックを入れる。

一 斉 授 業：全員で1列ずつ読む。自分で読めていると思えばチェックするよう指示する。

指導上の注意点

● Exercise3 の練習は，これからの読み課題の基本スキルになります。この後の Exercise で，
マジック e を用いた単語とそうでない単語がランダムに出てきて混乱する生徒がいれば，
いつでも Exercise3 でさっと復習をしてから，もとの課題に戻ると良いでしょう。

● マジック e はとてもルールがはっきりしています。だからといって，授業で「e で終わるの
はその前がエイ，アイのようになるよ。はい，このリストの単語を読んでみよう」で済ませ
ては，ついて行けない子が続出します。マジック e の混乱は，「これまで /e/ と読んでいた
記号が突然 /iː/ となる」ことであり，/i/ と読んでいた記号が /ai/ になるという，e と i の
混乱が最も多いようです。

そのため本書ではまず「母音に着目する」そして「後ろに e がある場合，ない場合」を交
互に読み練習をしながら，徐々に慣れるよう構成しています。指さした文字の音はなんとい
う音なのか，最初から上手にはできませんし，時間もかかる子どもがいるのが普通です。子
どもの様子を見ながら，繰り返し練習しましょう。

２文字単語のマジック e の読み

🔊 Exercise3　　次の単語が読めたら○，つまった・読み間違えたら × を記入しましょう。

[ai] i→e	日付	/	/	/
ite				
ike				
ipe				
ize				
ibe				
ime				

[ei] a→e	日付	/	/	/
ate				
ape				
ake				
ale				
ade				
aze				

[ou] o→e	日付	/	/	/
ope				
ode				
ole				
oke				
ote				
ole				

[ju:] u→e	日付	/	/	/
ute				
une				
ude				
ube				
ume				
uke				

✍🎵 Exercise4・Exercise6・Exercise8 （指導時間の目安3－5分）

①ワークを見せずに「つなぐ練習」（手と手を合わせて1語を作る動作）をしながらリピートする。（オンセット－ライムの単位で）

②簡単に Exercise2 の音読み，名前読みを復習する。

③ワークを配布し，日付を記入させ，順に読んでいく。

④つまった・読み間違えた単語に，自分でチェックを入れるよう指示する。

個 別 指 導：教員がチェックをする。

ペアワーク：用紙を交換し，1列ずつ交代しながら読む。相手が読めていれば，相手の用紙に
　　　　　　チェックを入れる。

一 斉 授 業：全員で1列ずつ読む。自分で読めていると思えばチェックするよう指示する。

👤 Exercise5・Exercise7・Exercise9 （指導時間の目安3－5分）

　書き取りの前に，Exercise の単語を用いて音の割り算を必ずしましょう。生徒が自信を持って単語をオンセット－ライムに分解できるようになってから，書き取りを始めましょう。

Exercise5　指導者読み上げリスト例						Exercise7　指導者読み上げリスト例					
①	ate	⑥	ape	⑪	cute	①	dude	⑥	hate	⑪	hole
②	ape	⑦	tape	⑫	ope	②	mule	⑦	tape	⑫	rope
③	ite	⑧	ite	⑬	hope	③	ide	⑧	kite	⑬	date
④	ipe	⑨	kite	⑭	aze	④	hide	⑨	size	⑭	maze
⑤	ote	⑩	ute	⑮	maze	⑤	woke	⑩	poke	⑮	bike

Exercise9　指導者読み上げリスト例					
①	same	⑥	woke	⑪	cake
②	coke	⑦	bake	⑫	safe
③	like	⑧	bite	⑬	date
④	brave	⑨	spade	⑭	drive
⑤	stove	⑩	tribe	⑮	spoke

✍🎵 Let's try

　文章の読み練習です。まずは1人でどう読むのかを考える時間を与えてから，全員，あるいは個別に読みましょう。

3文字単語のマジック e の読み書き　　　年　　組　名前（　　　　　　　　）

🔊 Exercise4　音の足し算練習をしてから，次の単語を読みましょう。

　　　　　　　　　読めたら○，つまった・読み間違えたら×を記入しましょう。

i-e / 日付	/	/	/	a-e / 日付	/	/	/	o-e / 日付	/	/	/
b · ite				h · ate				r · ope			
b · ike				c · ape				w · oke			
k · ite				t · ape				r · ole			
s · ize				b · ake				c · oke			
M · ike				d · ate				p · oke			
l · ike				m · aze				h · ole			

👤 Exercise5　聞こえた単語を，音の割り算練習をしてから書き取りましょう。

日付	/	日付	/	日付	/
①		⑥		⑪	
②		⑦		⑫	
③		⑧		⑬	
④		⑨		⑭	
⑤		⑩		⑮	

🔊 Let's try!　読んでみましょう。（読めたらチェックを入れましょう）

☐　Mike drinks coke.　（マイクはコーラを飲みます）

☐　Kate catches a big red fish in the lake.　（ケイトは湖で大きな赤い魚を捕まえます）

マジック e を含む単語の定着問題① 　　年　　組　名前（　　　　　　　　　）

🔊 Exercise6　音の足し算練習をしてから，次の単語を読みましょう。

読めたら○，つまった・読み間違えたら×を記入しましょう。

u-e	日付 /	/	/		日付 /	/	/
m・**ute**				h・**ide**			
d・**une**				t・**ile**			
d・**ude**				r・**ake**			
t・**ube**				n・**ame**			
m・**ule**				ch・**ime**			
p・**uke**				st・**ole**			

👤 Exercise7　聞こえた単語を，音の割り算練習をしてから書き取りましょう。

日付 /		日付 /		日付 /	
①		⑥		⑪	
②		⑦		⑫	
③		⑧		⑬	
④		⑨		⑭	
⑤		⑩		⑮	

🔊 Let's try!　読んでみましょう。（読めたらチェックを入れましょう）

☐　What time can you drive me home?　（何時に私を車で送ることができる？）

☐　The king sings the sad song.　（王様は悲しい歌を歌います）

マジック e を含む単語の定着問題②　　年　　組　名前（　　　　　　　）

🔊 Exercise8　音の足し算練習をしてから，次の単語を読みましょう。
読めたら○，つまった・読み間違えたら×を記入しましょう。

日付	/	/	/	日付	/	/	/
sh・ame				same			
br・ave				life			
sl・ave				fine			
sp・oke				bone			
br・oke				note			
scr・ape				tame			
tr・ibe				drive			

👤 Exercise9　聞こえた単語を，音の割り算練習をしてから書き取りましょう。

日付	/	日付	/	日付	/
①		⑥		⑪	
②		⑦		⑫	
③		⑧		⑬	
④		⑨		⑭	
⑤		⑩		⑮	

🔊 Let's try!　読んでみましょう。（読めたらチェックを入れましょう）

☐　Meg thinks Bob is a good pitcher.　（メグはボブが良いピッチャーだと思っています）

☐　The twins like roses and wine.　（その双子はバラとワインが好きです）

◖🗣 Exercise10 　（指導時間の目安8—10分）

　マジック **e** を用いる名前読み，そうでない音読みの単語を交互に読む練習です。

①ワークシートを配布し，「指で **e** を隠しましょう」と指示する。

② **e** がない「音読み」の単語をまず1回読ませる。

③「指を離して，名前読みで読みましょう」と指示する。

④上から「音読み」「名前読み」を交互に読んでいく。

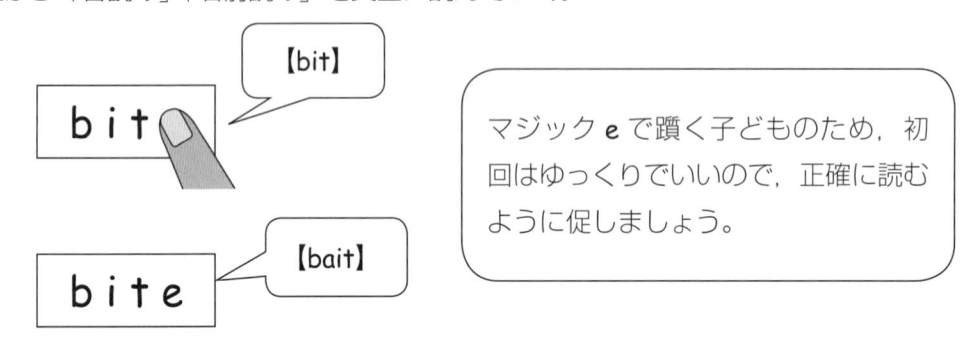

> マジック **e** で躓く子どものため，初回はゆっくりでいいので，正確に読むように促しましょう。

指導上の注意点

●必ず，「音読み」で読んでから「名前読み」の順で読んで下さい。

●オンセット–ライム読みをする必要はありません。

●混乱しやすい子どもがいる場合，「名前読み，音読みは最初は混乱するから，ゆっくりやろう」と声かけして下さい。

eがあるときの読み・eがないときの読み

年　　組　名前（　　　　　　　　　）

Exercise10　音読みとマジック e 読み

　紙や指で各単語の最後の e を隠し，まず通常の音読みで読みます。

　次に，指を離してマジック e の読み方で読んでみましょう！

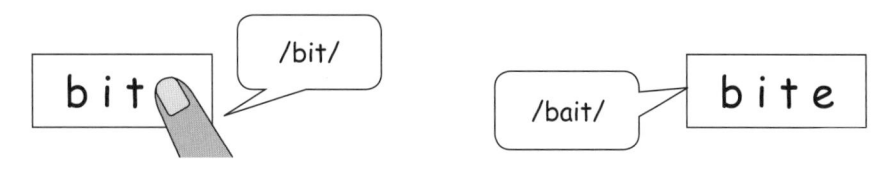

bite	mode	plate
site	yoke	slope
mite	rule	cute
wine	June	crime
bake	cube	skate
hate	pride	same
made	tube	name
base	code	rope
mute	poke	fine

　単語の最後に e を加え，意味と合う日本語とマッチさせます。

①ワークの単語の最後に e を書き加えるよう指示する。

②単語の意味とマッチする日本語を線でつなぐよう指示する。

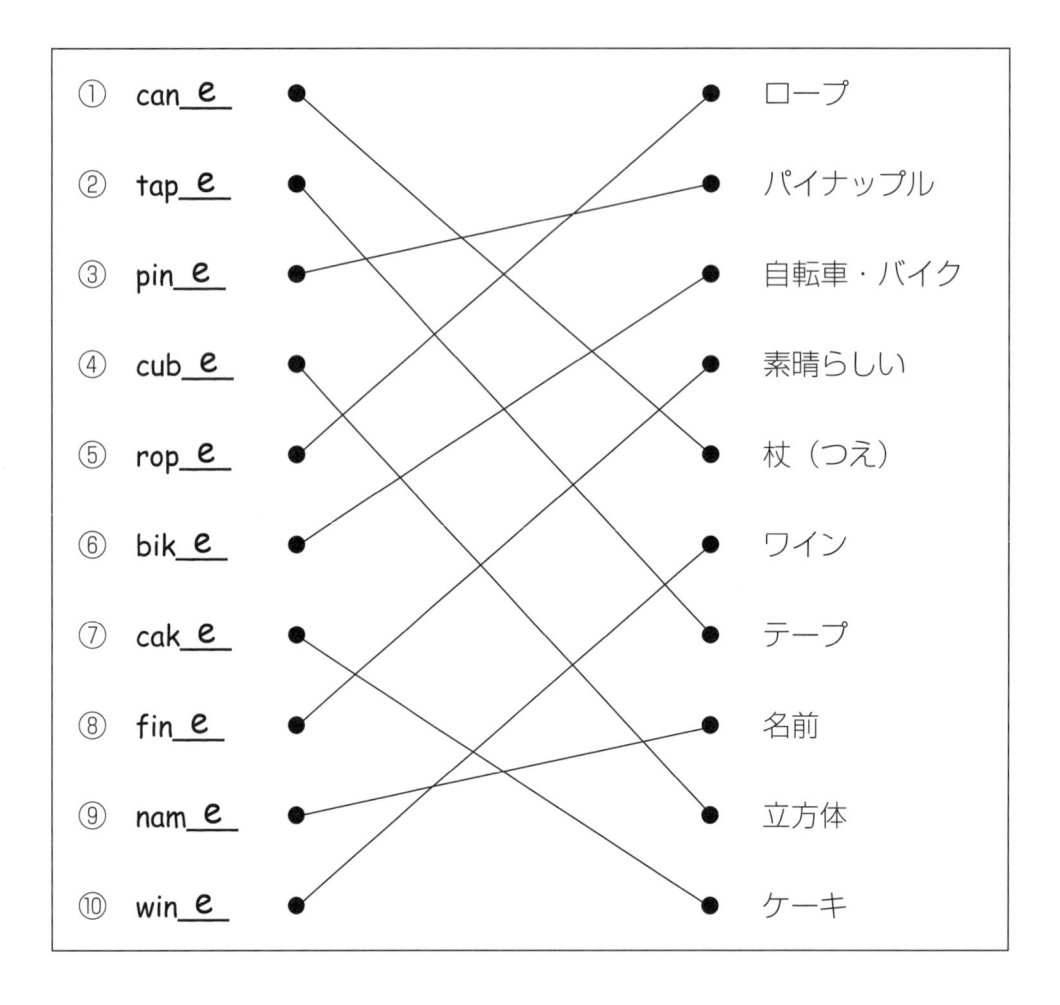

単語と意味のマッチング　定着問題③

🔊 Exercise11　下の単語に e を書き加えて，単語の意味につなげましょう。

①	can＿＿＿ •	•	ロープ
②	tap＿＿＿ •	•	パイナップル
③	pin＿＿＿ •	•	自転車・バイク
④	cub＿＿＿ •	•	素晴らしい
⑤	rop＿＿＿ •	•	杖（つえ）
⑥	bik＿＿＿ •	•	ワイン
⑦	cak＿＿＿ •	•	テープ
⑧	fin＿＿＿ •	•	名前
⑨	nam＿＿＿ •	•	立方体
⑩	win＿＿＿ •	•	ケーキ

🔊 Let's try!　読んでみましょう。

□　Pete was late for the date.（ピートはデートに遅刻しました）

117

🔊 Exercise12・Exercise14・Exercise16・Exercise18　（指導時間の目安３—５分）

①必要であれば（生徒の様子を見て）簡単に Exercise2 の音読み，名前読みを復習する。

②ワークを配布し，日付を記入させ，順に読んでいく。

③つまった・読み間違えた単語に，自分でチェックを入れるよう指示する。

指導上の注意点

● Exercise12 は，実在語を使った不規則な読み方の練習です。

● Exercise14 からは，マジック e とそうでない単語が混在しています。注意して読むよう促します。

👤 Exercise13・Exercise15・Exercise17・Exercise19　（指導時間の目安５—８分）

Exercise13	指導者読み上げリスト例				Exercise15	指導者読み上げリスト例			
①	rose	⑥	spice	⑪	huge	①	line	⑥	desk	⑪	pine
②	wise	⑦	dice	⑫	gage	②	dig	⑦	plane	⑫	spade
③	nose	⑧	nice	⑬	cage	③	huge	⑧	site	⑬	space
④	muse	⑨	price	⑭	page	④	tape	⑨	zone	⑭	kick
⑤	pose	⑩	rice	⑮	sage	⑤	shrimp	⑩	strike	⑮	these
Exercise17	指導者読み上げリスト例				Exercise19	指導者読み上げリスト例			
①	win	⑥	past	⑪	line	①	step	⑥	trap	⑪	code
②	whale	⑦	home	⑫	huge	②	mite	⑦	slave	⑫	brave
③	scat	⑧	stole	⑬	drop	③	kick	⑧	slope	⑬	spoke
④	stripe	⑨	bit	⑭	mute	④	skate	⑨	dome	⑭	mine
⑤	safe	⑩	plate	⑮	ripe	⑤	plate	⑩	pride	⑮	stripe

🔊 Let's try

　文章の読み練習です。まずは１人でどう読むのかを考える時間を与えてから，全員，あるいは個別に読みましょう。

不規則なパターンの読み書き　　　　　年　　組　名前（　　　　　　　　）

🔊 Exercise12　少し不規則なパターンに挑戦。次の単語を読みましょう。
読めたら○，つまった・読み間違えたら×を記入しましょう。

s が [z] の音になります				c が [s] の音になります				g が [dʒ] の音になります			
日付	/	/	/	日付	/	/	/	日付	/	/	/
wise				rice				age			
nose				spice				sage			
rose				dice				page			
muse				nice				huge			
pose				slice				gage			
those				price				cage			

👤 Exercise13　聞こえた単語を書き取りましょう。

日付	/	日付	/	日付	/
①		⑥		⑪	
②		⑦		⑫	
③		⑧		⑬	
④		⑨		⑭	
⑤		⑩		⑮	

🔊 Let's try!　読んでみましょう。

　□　The spaceship went to Neptune.　（その宇宙船は海王星に行きました）

マジック e を含む単語の総合問題①

年　　組　名前（　　　　　　　　　　　）

Exercise14　次の単語が読めたら○，つまった・読み間違えたら × を記入しましょう。

日付	/	/	/	日付	/	/	/	日付	/	/	/
front				site				kick			
tape				swing				wine			
huge				plane				pine			
dig				luck				speck			
spend				zone				space			
line				strike				put			
shrimp				spade				these			

Exercise15　聞こえた単語を書き取りましょう。

日付	/	日付	/	日付	/
①		⑥		⑪	
②		⑦		⑫	
③		⑧		⑬	
④		⑨		⑭	
⑤		⑩		⑮	

Let's try!　読んでみましょう。

☐　He made a big mistake. （彼は大失敗をしました）

マジック e を含む単語の総合問題②

🎵 Exercise16　次の単語を母音にアクセントをしっかり置いて読みましょう。
　　　　　　　読めたら○，つまった・読み間違えたら×を記入しましょう。

日付	/	/	/	日付	/	/	/	日付	/	/	/
hide				past				ripe			
spike				plate				pin			
win				sole				line			
whale				stole				mute			
safe				bit				pants			
scat				size				huge			
stripe				home				drop			

👤 Exercise17　聞こえた単語を書き取りましょう。

日付	/	日付	/	日付	/
①		⑥		⑪	
②		⑦		⑫	
③		⑧		⑬	
④		⑨		⑭	
⑤		⑩		⑮	

マジック e を含む単語の総合問題③

年　　組　名前（　　　　　　　　　　）

🔊 Exercise18　次の単語を母音にアクセントをしっかり置いて読みましょう。
　　　　　　　　読めたら○，つまった・読み間違えたら×を記入しましょう。

日付	/	/	/	日付	/	/	/	日付	/	/	/
kit				spoke				kite			
dice				strip				price			
nose				stripe				grim			
mite				cage				huge			
rip				crime				pose			
ripe				drip				theft			
gage				drive				rose			

👤 Exercise19　聞こえた単語を書き取りましょう。

日付	/	日付	/	日付	/
①		⑥		⑪	
②		⑦		⑫	
③		⑧		⑬	
④		⑨		⑭	
⑤		⑩		⑮	

● テストの目的

　マジック e を含む単語のチェックテストでは，母音にアクセントがきちんとおけているかどうか，ローマ字読みになっていないか（子音と子音の間に母音が入っていないか）がポイントになります。　※無意味語単語と有意味語単語の両方を使っています

● 所要時間

　7～10分程度（制限時間あり）

● 読みチェックテスト（個別実施）

　問題10問を順番に「2回ずつ」読むように指示する。もし言い間違えたと思ったときは，何度言い直しても良い。（すべて有意味語）

● 書き取りチェックテスト（一斉実施可）

　問題を先生が読み上げ，子どもに書き取るよう指示する。問題は2回繰り返す。自分で発音する代わりに，アプリ（p.125）などを用いてネイティブの音声を聞かせても良い。（①から⑤は有意味語，⑥から⑩は無意味語または生徒になじみのない語）

読み上げ課題「すべてマジック e の単語です」と予め伝えます。

① lime　② spade　③ stole　④ mode　⑤ cute　⑥ pite　⑦ code（kode も可）

⑧ bafe　⑨ glome　⑩ jude

● 評価の基準

　下記のポイントなどを生徒の評価表にメモをしておきましょう。

①正しく読み書きができているか（正確さ）

②素早く読めているか，考え込んだりしていないか（スピードは一定か）

③母音の発音を区別できているか，どの音／文字が弱いか（母音）

● 指導上の注意点

　単純なマジック e だけでなく，不規則な読み方（gage の g など）も加わり，より間違いやすくなってきます。間違えたところの Exercise をもう一度振り返り，定着を図りましょう。

STEP6 到達度チェックテスト

🗣 下の単語を2回ずつ読みましょう。

①	tribe	⑥	strive
②	huge	⑦	pone
③	pose	⑧	slate
④	mute	⑨	dice
⑤	scrape	⑩	shine

合計　点

👤 聞こえた単語を書き取りましょう。

①		⑥	
②		⑦	
③		⑧	
④		⑨	
⑤		⑩	

合計　点

Column 3 単語の読み書き練習に役立つアプリ

　家庭では今やスマートフォンやパソコンが普及し，学校現場でも電子黒板やアプリなどを用いることができる環境が整ってきています。英語は，音声を扱うという意味で ICT との相性が良く，英語圏では幼児・児童向けの初歩的な読み書きが練習できるようなアプリもたくさんあります。たくさんの音に触れることはもちろん，飽きずに挑戦できる仕掛けが多いことも利点の一つでしょう。

　また，アプリの設定を変えることで，個別のニーズにも対応しやすいという利点があります。フォントや音声スピード，課題の範囲，量などを子どもに合わせることができることから，その子やそのクラスにあった教材として十分に活用が可能なものも多いでしょう。さらに英語アプリでは，「英語ネイティブの音を聞かせたいな」というときにも活躍してくれます。

　私も教室でよく使っているモンテッソーリ社のフォニックスのアプリを紹介します。

Montessori Word Wizard

同じ単語でも段階的に難易度を上げてスペリング練習ができる！

http://lescapadou.com/LEscapadou_-_Fun_and_Educational_applications_for_iPad_and_IPhone/Word_Wizard_-_Talking_Educational_App_for_iPhone_and_iPad.html

目的
スペリング練習

対象
中学生以上〜

特徴
　単語を覚えたい中学生には便利な練習アプリ。設定がかなり自由にできる。（スピード，ランダム提示，英語・米語話者選択など）また「これはどう発音するのかな」と思ったときに，スペリングを入力すれば音声化してくれるため，本書のワークなどでわからない単語を自分で確認することもできる。

　自分でオリジナルの単語リストを作り，それを練習することもできるため，音声からの書き取り練習がしたい学習者向け。

使い方

メイン画面（写真）から，活動を選ぶ。活動は同じ単語リストでも，３段階で難易度がアップしていくため，まずは word practice からはじめると良いだろう。

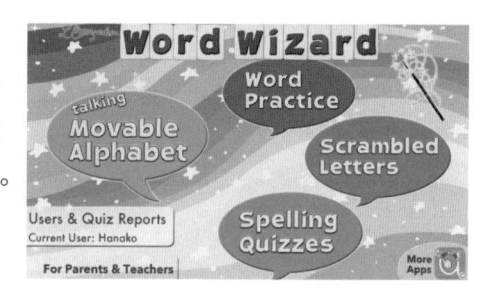

基本設定

歯車マークをタップすると，基本設定を見ることができる。音声スピード，声の高さ，大文字／小文字，Phonics 読みをするかどうかが設定できる。必ず Phonics にチェックが入っていることを確認すること。（Phonics にチェックがないと，名前読みになる。）

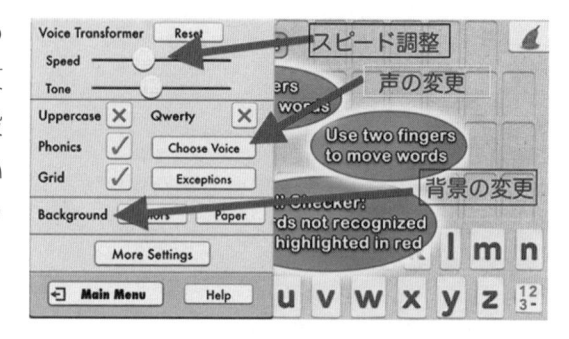

活動

Talking Movable Alphabet

アルファベットを組み合わせてできる単語であれば，どんな単語でも読んでくれる。わからない単語の発音を確認したいときなどにも使うことができる。本書の Exercise の単語の読み方がわからない場合など，ここで単語を入力すれば，発音してくれる。

Word Practice

リストからランダムに単語の文字と音が示される。お手本通りに，アルファベットを並べていくだけだが，ここをちゃんと１文字１音で確認しておく必要がある。

Scrambled Letters

音声で単語が提示され，その単語で使う文字が表れるので，正しく並べる。読み上げボタンを押すと何度でも単語を発音してくれる。ヒントボタンを押すと，１回押すごとに１文字ずつ答えが示される。

Spelling Quizzes

聞こえた単語の文字を選び，正しい順に並べる。

音声のみが提示され，ヒントなしで下のアルファベット列から使用文字を選び，正しく並べる。ここまでできればスペリングはほぼ完成。

付録　本書で使用した単語リスト

本書の読み書きワークで使用している単語を，順にまとめた単語リストです。（有意味語無意味語両方使用・繰り返しあり）拡大コピーして読み練習に使用することができます。

Step2			
☐ in	☐ at	☐ ut	☐ em
☐ it	☐ ag	☐ ug	☐ ed
☐ ig	☐ ab	☐ ub	☐ ef
☐ ib	☐ al	☐ ul	☐ en
☐ il	☐ an	☐ un	☐ ad
☐ et	☐ ot	☐ ip	☐ af
☐ eg	☐ og	☐ im	☐ ap
☐ eb	☐ ob	☐ iz	☐ an
☐ el	☐ ol	☐ il	☐ ak
☐ en	☐ on	☐ ik	☐ ax

☐ oz	☐ il	☐ ag	☐ ed
☐ ox	☐ ob	☐ uf	☐ id
☐ ov	☐ ub	☐ of	☐ od
☐ ol	☐ ab	☐ ep	☐ ox
☐ ub	☐ eb	☐ ap	☐ ux
☐ uz	☐ ib	☐ ip	☐ uz
☐ um	☐ og	☐ on	☐ at
☐ ud	☐ ug	☐ un	☐ in
☐ al	☐ ig	☐ af	☐ im
☐ el	☐ eg	☐ ef	☐ ef

☐ ap	☐ uz	☐ ix	☐ eg
☐ an	☐ el	☐ ip	☐ ag
☐ og	☐ en	☐ et	☐ up

Step3			
☐ s · ad	☐ v · an	☐ m · en	☐ s · ell
☐ r · ad	☐ f · an	☐ z · en	☐ f · ell
☐ m · ad	☐ p · an	☐ h · en	☐ t · ell
☐ c · ad	☐ t · an	☐ p · en	☐ b · ell
☐ b · ad	☐ r · an	☐ t · en	☐ d · ell
☐ j · ag	☐ s · at	☐ l · et	☐ l · eg
☐ l · ag	☐ r · at	☐ n · et	☐ m · eg
☐ n · ag	☐ h · at	☐ m · et	☐ p · eg
☐ t · ag	☐ b · at	☐ b · et	☐ k · eg
☐ m · ag	☐ c · at	☐ p · et	☐ b · eg

☐ r · an	☐ f · in	☐ l · ip	☐ l · og
☐ c · ad	☐ k · in	☐ z · ip	☐ d · og
☐ h · en	☐ p · in	☐ r · ip	☐ t · og
☐ p · et	☐ t · in	☐ k · ip	☐ j · og
☐ f · ell	☐ b · in	☐ d · ip	☐ f · og
☐ m · it	☐ n · ick	☐ c · on	☐ b · ib
☐ n · it	☐ l · ick	☐ s · on	☐ t · ill
☐ s · it	☐ k · ick	☐ t · on	☐ t · en
☐ k · it	☐ s · ick	☐ w · on	☐ n · et
☐ p · it	☐ p · ick	☐ d · on	☐ m · eg

Step3			
☐ w · eb	☐ g · ap	☐ f an	☐ m ax
☐ s · ell	☐ b · ug	☐ b ell	☐ b ad
☐ s · on	☐ s · ock	☐ f in	☐ r at
☐ c · op	☐ h · ug	☐ s ack	☐ l uck
☐ f · og	☐ l · uck	☐ b ug	☐ k id
☐ p · op	☐ p · un	☐ b et	☐ l eg
☐ j · am	☐ f · un	☐ c ap	☐ b ut
☐ m · at	☐ m · an	☐ l ab	☐ h ug
☐ l · ag	☐ p · in	☐ w eb	☐ k iss
☐ w · ag	☐ z · en	☐ y en	☐ m ill

☐ j et	☐ m op	☐ r ock	☐ g et
☐ s ick	☐ y et	☐ c up	☐ j ob
☐ p ick	☐ r ib	☐ p up	☐ h ad
☐ s et	☐ c ut	☐ t an	☐ f ix
☐ p ack	☐ r at	☐ b us	☐ y ell
☐ d eck	☐ t op	☐ h am	☐ n ap
☐ j am	☐ m et	☐ s et	☐ f og
☐ l ock	☐ s un	☐ w in	☐ j ug
☐ p in	☐ l ip	☐ h op	☐ h ug
☐ f ax	☐ s et	☐ y et	☐ y en

☐ t ag	☐ l ock	☐ b ell	☐ c at
☐ w eb			

Step4			
☐ fl · op	☐ cl · ock	☐ sw · im	☐ tw · in
☐ fl · ag	☐ cl · ick	☐ sw · at	☐ tw · ig
☐ fl · ip	☐ cl · am	☐ Sw · iss	☐ tw · itt
☐ fl · ock	☐ cl · ot	☐ sw · am	☐ tw · ist
☐ st · op	☐ dr · op	☐ cr · ab	☐ fr · om
☐ st · ep	☐ dr · ip	☐ cr · ib	☐ fr · ap
☐ st · ock	☐ dr · um	☐ cr · op	☐ fr · og
☐ st · ick	☐ dr · ag	☐ cr · am	☐ fr · esh

☐ sn · ap	☐ sw · at	☐ mil	☐ hel
☐ sn · ack	☐ fr · om	☐ milk	☐ held
☐ sn · iff	☐ fl · ip	☐ sil	☐ tas
☐ sn · ip	☐ fr · og	☐ silk	☐ task
☐ cl · ock	☐ sn · ack	☐ cos	☐ lef
☐ dr · um	☐ cr · ib	☐ cost	☐ left
☐ tw · itt	☐ pas	☐ fron	☐ bes
☐ st · ep	☐ past	☐ front	☐ best
☐ cr · am	☐ pin	☐ ten	☐ res
☐ st · op	☐ pink	☐ tent	☐ rest

☐ hel	☐ crab	☐ sk · ill	☐ camp
☐ help	☐ trip	☐ sk · in	☐ cram
☐ des	☐ skill	☐ sk · unk	☐ cramp

☐ desk	☐ skunk	☐ bl · ack	☐ pas
☐ ris	☐ clock	☐ bl · ock	☐ past
☐ risk	☐ sp · ot	☐ bl · ank	☐ tes
☐ rus	☐ sp · ell	☐ bl · end	☐ test
☐ rusk	☐ sp · ill	☐ pom	☐ lef
☐ snack	☐ sp · end	☐ pomp	☐ left
☐ strap	☐ sk · ip	☐ cam	☐ sof

☐ soft	☐ film	☐ pl · ant	☐ br · ick
☐ craf	☐ lum	☐ pl · uck	☐ spl · it
☐ craft	☐ lump	☐ pl · ot	☐ spl · ash
☐ gif	☐ cam	☐ tr · uck	☐ spl · em
☐ gift	☐ camp	☐ tr · am	☐ spl · id
☐ fron	☐ lam	☐ tr · ip	☐ str · ap
☐ front	☐ lamp	☐ br · ass	☐ str · ict
☐ spen	☐ spen	☐ br · and	☐ str · ess
☐ spent	☐ spend	☐ tr · ap	☐ str · ip
☐ fil	☐ pl · an	☐ br · isk	☐ scr · ap

☐ scr · am	☐ gift	☐ stamp	☐ drink
☐ scr · ipt	☐ help	☐ swam	☐ spend
☐ scr · ub	☐ trick	☐ skin	☐ front
☐ catch	☐ task	☐ drop	☐ stem
☐ crop	☐ belt	☐ strap	☐ trump
☐ glad			

Step5			
☐ sh ell	☐ tr ash	☐ Sam	☐ mish
☐ sh op	☐ br ush	☐ sips	☐ past
☐ sh ut	☐ sm ash	☐ ships	☐ splash
☐ sh ip	☐ spl ash	☐ boss	☐ hop
☐ sh ock	☐ cr ush	☐ bosh	☐ shop
☐ d ish	☐ sell	☐ tosh	☐ ch eck
☐ f ish	☐ shell	☐ post	☐ ch ops
☐ r ush	☐ shock	☐ dish	☐ ch at
☐ w ish	☐ socks	☐ disc	☐ ch ips
☐ l ash	☐ sham	☐ miss	☐ ch ick

☐ m uch	☐ chess	☐ chimp	☐ th in
☐ p atch	☐ jest	☐ shrimp	☐ th ink
☐ p itch	☐ mug	☐ pitch	☐ th ank
☐ st itch	☐ chop	☐ stitch	☐ thr ill
☐ s uch	☐ chip	☐ patch	☐ th ick
☐ sw itch	☐ zip	☐ prat	☐ p ath
☐ m uch	☐ chick	☐ chest	☐ m ath
☐ scr atch	☐ tick	☐ shack	☐ b ath
☐ b unch	☐ cat	☐ much	☐ m oth
☐ c atch	☐ catch	☐ bunch	☐ cl oth

☐ th at	☐ cloth	☐ dent	☐ bl aph
☐ th is	☐ thrill	☐ wh it	☐ tr eph
☐ th en	☐ trill	☐ wh an	☐ sw iph
☐ w ith	☐ path	☐ wh ap	☐ with
☐ th ey	☐ pass	☐ wh en	☐ whip
☐ with	☐ moth	☐ wh ip	☐ which
☐ wish	☐ moss	☐ ph ob	☐ hitch
☐ thick	☐ think	☐ ph ep	☐ what
☐ check	☐ sink	☐ ph lip	☐ shat
☐ socks	☐ then	☐ ph imp	☐ slip

☐ whip	☐ phish	☐ spr ing	☐ fang
☐ phan	☐ dash	☐ th ing	☐ lon
☐ pan	☐ Phil	☐ l ung	☐ long
☐ whisk	☐ s ing	☐ b ang	☐ kin
☐ risk	☐ br ing	☐ h ang	☐ king
☐ graph	☐ r ing	☐ sin	☐ flun
☐ trash	☐ sl ing	☐ sing	☐ flung
☐ when	☐ w ing	☐ san	☐ bun
☐ then	☐ sw ing	☐ sang	☐ bung
☐ what	☐ w ing	☐ fan	☐ son

☐ song	☐ tosh	☐ math	☐ then
☐ brin	☐ scratch	☐ with	☐ with
☐ bring	☐ ring	☐ cloth	☐ they
☐ han	☐ wish	☐ which	☐ king
☐ hang	☐ thick	☐ hitch	☐ past
☐ shell	☐ check	☐ thing	☐ splash
☐ shop	☐ socks	☐ bunch	☐ much
☐ shut	☐ cloth	☐ catch	☐ chest
☐ wish	☐ flung	☐ that	☐ shock
☐ lash	☐ what	☐ this	☐ path

☐ lung
☐ brush
☐ smash
☐ hang
☐ sing
☐ thrill
☐ chess

Step6			
☐ ite	☐ ade	☐ ude	☐ t · ide
☐ ike	☐ aze	☐ ube	☐ h · ate
☐ ipe	☐ ope	☐ ume	☐ c · ape
☐ ize	☐ ode	☐ uke	☐ t · ape
☐ ibe	☐ ole	☐ b · ite	☐ b · ake
☐ ime	☐ oke	☐ b · ike	☐ d · ate
☐ ate	☐ ote	☐ k · ite	☐ m · aze
☐ ape	☐ ole	☐ s · ize	☐ r · ope
☐ ake	☐ ute	☐ M · ike	☐ w · oke
☐ ale	☐ une	☐ l · ike	☐ r · ole

☐ c · oke	☐ t · ile	☐ scr · ape	☐ bite
☐ p · oke	☐ r · ake	☐ tr · ibe	☐ sit
☐ h · ole	☐ n · ame	☐ same	☐ site
☐ m · ute	☐ ch · ime	☐ life	☐ mit
☐ d · une	☐ st · ole	☐ fine	☐ mite
☐ d · ude	☐ sh · ame	☐ bone	☐ win
☐ t · ube	☐ br · ave	☐ note	☐ wine
☐ m · ule	☐ sl · ave	☐ tame	☐ bak
☐ p · uke	☐ sp · oke	☐ drive	☐ bake
☐ h · ide	☐ br · oke	☐ bit	☐ hat

☐ hate	☐ yoke	☐ tube	☐ cite
☐ mad	☐ rul	☐ cod	☐ crim
☐ made	☐ rule	☐ code	☐ crime
☐ bas	☐ jun	☐ pok	☐ skat
☐ base	☐ June	☐ poke	☐ skate

☐	mut	☐	cub	☐	plat	☐	sam
☐	mute	☐	cube	☐	plate	☐	same
☐	mod	☐	prid	☐	slop	☐	nam
☐	mode	☐	pride	☐	slope	☐	name
☐	yok	☐	tub	☐	cut	☐	rop

☐	rope	☐	dice	☐	front	☐	luck
☐	fin	☐	nice	☐	tape	☐	zone
☐	fine	☐	slice	☐	huge	☐	strike
☐	wise	☐	price	☐	dig	☐	spade
☐	nose	☐	age	☐	spend	☐	kick
☐	rose	☐	sage	☐	line	☐	wine
☐	muse	☐	page	☐	shrimp	☐	pine
☐	pose	☐	huge	☐	site	☐	speck
☐	rice	☐	gage	☐	swing	☐	space
☐	spice	☐	cage	☐	plane	☐	put

☐	these	☐	sole	☐	huge	☐	strip	☐	pose
☐	hide	☐	stole	☐	drop	☐	stripe	☐	theft
☐	spike	☐	bit	☐	kit	☐	cage	☐	rose
☐	win	☐	size	☐	dice	☐	crime		
☐	whale	☐	home	☐	nose	☐	drip		
☐	safe	☐	ripe	☐	mite	☐	drive		
☐	scat	☐	pin	☐	rip	☐	kite		
☐	stripe	☐	line	☐	ripe	☐	price		
☐	past	☐	mute	☐	gage	☐	grim		
☐	plate	☐	pants	☐	spoke	☐	huge		

※単語リストには，有意味語と無意味語が使用されています。
※練習内容によって，重複・カットしている単語があります。

【著者紹介】

村上　加代子（むらかみ　かよこ）

米国ウィスコンシン大学マジソン校卒。
神戸山手短期大学准教授。
学習障害のある児童生徒対象の「チャレンジ教室」を主催。英語教科における特別支援やユニバーサルデザインの啓発活動に積極的に取り組んでいる。英語教育ユニバーサルデザイン研究会代表。教員間の情報交換のプラットフォームづくりを目指している。
著書「英語教育における授業のユニバーサルデザイン，特別支援教育」（『新時代の学びを創る』あいり出版）ほか，「チャレンジ教室の子供たち」（大修館『英語教育連載』）その雑誌等執筆多数。

〔本文イラスト〕木村美穂

特別支援教育サポートBOOKS
読み書きが苦手な子どものための
英単語指導ワーク

2018年2月初版第1刷刊　Ⓒ著　者	村　　上　　加代子
2021年11月初版第7刷刊	
発行者	藤　　原　　光　　政
発行所	明治図書出版株式会社

http://www.meijitosho.co.jp
（企画・校正）広川淳志
〒114-0023　東京都北区滝野川7-46-1
振替00160-5-151318　電話03(5907)6704
ご注文窓口　電話03(5907)6668

＊検印省略
組版所 長野印刷商工株式会社

Printed in Japan　　　　ISBN978-4-18-152012-0
もれなくクーポンがもらえる！読者アンケートはこちらから →